サッカー上達のためのマインドとメソッド

中村憲剛

はじめに

少年時代の僕は、フィジカル的に優れた要素がまるでない選手だった。

中学入学時の身長は１３６㎝。

小学生のときこそ、そのすばしっこさを生かしてゴールもよく決めるドリブラーだったけど、中学生になると、体格差という壁に悩むようになり、得意としているドリブルを仕掛けようとしても、ボールを持った瞬間に身体を当てられて潰されてしまう。足も遅いから相手を抜けなくなってしまい、自分のプレーを何もできなくなってしまった。目の前が真っ暗闇になってしまって、大好きだったサッカーを一度、辞めてしまったぐらいだ。

高校や大学に進んでも、エリートとは程遠い選手だった。年代別の代表に選ばれるどころか、最初は試合に出られない選手だった。言ってしまえば、どこにでもいる普通の選手だったと思う。

そんな僕でもＪリーガーになることができたし、日本代表にもなることができた。プロ生活は今年で16年目になる。すっかりベテランと呼ばれる年齢になったけど、２０１６年にはＪリーグ年間最優秀選手賞を頂き、２０１７年には川崎フロンターレで悲願のリーグ優勝を達成することができた。

競争の激しいプロの世界で、なぜ自分のような普通の選手がこれだけ長くプレーし続けることができているのか。

自分でもたまに不思議に思うこともあるけど、ひとつ言えるのは、サッカーは向上心を持って、愚直にやり

続けた人が勝つスポーツだということ。プロ15年目にして初めてリーグ優勝した自分が言うんだから、これは間違いない（笑）。

例えば僕は、「ボールを止めること」には、ずっとこだわってやってきた。こだわってきたと言っても、特別な指導者に教わったり、特別な練習メニューをこなしてきたわけではない。やっていたのは、ごくごく普通の練習メニューだ。でも日々のパス練習で、何となくボールを止めているだけでは、サッカーはうまくならない。そのひとつのプレーに対して、どれだけこだわってやれるか。サッカーは「愚直にやり続けているだけ」でもダメで、うまくなるかどうかは、その意識の積み重ねだと僕は思っている。

言い換えれば、自分の意識を変えて、こだわりを持って取り組めば、普通の練習メニューでもうまくなることは十分に可能だということ。

この本では、僕がこれまで培ってきたマインド（考え方）とメソッド（技術）を伝えている。もし少年時代の自分のように、身長の低さや線の細さにコンプレックスを持って悩んでいる子がいても、決してサッカーを諦めないで取り組んで欲しい。「中村憲剛だからできたんだ」じゃなくて、自分でもできると信じてやり続けて欲しい。意識を変えてやり続ければ、絶対に道は開けるはずだから。

そしてこの本はぜひ親子で読んで欲しい。

サッカースクールや少年団に通っている保護者の方から、「子どもに何を教えていいのかわからない」と相談されることがあるけど、僕はそんなとき、「子どもと一緒に考えたらいいじゃないですか」と答えているんだ。「自分はサッカー経験者ではないから…」と諦める必要はないし、親子で一緒に悩みながら成長して欲しい。この本を通じて、親子でサッカーがうまくなって欲しいと願っています。

サッカー上達のためのマインドとメソッド　中村憲剛

MORELIA
KENGO
Academy
Mizuno

Mizuno
MORELIA

第1章
しっかり「止めること」ができれば、世界が変わる

サッカーで僕が最も大事にして欲しい技術は何か。

それは「ボールを止めること」です。

これを聞いて、「えっ、そんなこと?」と驚いた人もいるかもしれない。

「ボールを止めること」というのは、サッカーにおいて基本中の基本のプレーだし、トラップの練習はみんながやっていることだからだ。

じゃあ、「ボールを止める」とは何なのか。

それは、その後のプレーを最短にする為に最適な場所にボールを置くことだ。それが僕の中でしっかりと「ボールを止める」ということ。蹴ることも大事だけど、ボールを止める時間が短ければ短いほど、次のプレーを考える余裕ができる。余裕ができるというのは、プレーの選択肢が増えることにつながる。思ったところに「ボールを止める」。その技術を身につけることが、ケンゴアカデミーで学ぶ全ての出発点になるんだ。

僕自身、ずっとボールを止めることにこだわってきたつもりだったし、プロになってからもそれは変わらなかった。でも２０１２年、川崎フロンターレの監督になったばかりの風間八宏監督(現:名古屋グランパス)に、最初の練習で「まだボールが止まっていない」と言われたんだ。風間監督の目には僕のトラップが「ボールが止まっていない」と映っていたんだ。30歳を過ぎて日本代表も経験し、ボール扱いには自信があったので、そんなことを言われてビックリした。

でも、そこからトラップの質をさらに追求するようになったら、さらにうまくなった。試合で相手に潰される場面は以前より少なくなった。ボールをしっかり止めれば、相手に寄せられないし、寄せられたとしても逃げられる。そうやってベテランになった今でもプレーできている。中村憲剛の真髄は、「ボールを止めること」へのこだわりにあると言っても過言ではないぐらいだ。

僕はサッカーを30年ぐらいやっている。たぶん通算で数えたら何億回もトラップしていると思う(笑)。そんな37歳の自分でも、まだうまくなれると思っている。プロでも変われるのだから、これを読んでいる君も、ボールを止めることから始めて、世界を変えていって欲しい。

STEP 01 ▶▶▶ 点で止める

①トラップの動作を身につけよう

止めることは、あらゆるプレーにつながる究極の技術。まずは一連のトラップの動作を身につけよう。

1

ボールの軌道をしっかりと見る

2

右足を添えるイメージを持つ

3

上体は立てたまま

4

その場に静止し右足を浮かせる

5

ボールを止める

6

トラップ成功

ボールを最後まで見て止めてみよう

難易度	★☆☆☆☆	
1回目	2回目	3回目
/	/	/

（※実行した日付を入れよう！）

上達の極意

最初はゆっくりでもいいので、丁寧にやってみよう。自分も昔はトラップも下手だった。もしこれを読んでいる君が、今から高い意識でトラップをやっていけば、絶対にコツもつかめてうまくなる。10回や20回じゃうまくならない。1日100回はトラップしてみよう。

最後までボールを見て止めてみる

しっかりとボールを見ながら、その場から動かずにボールを止めてみる。これがトラップの初歩の初歩になる。まずはトラップするまでの一連の動作を身につけよう。

そのときに、ボールのどこを触れれば、自分にとってのベストな位置にボールが止まるのか。それを何度も何度もやって確認してほしい。

周りを見る動作も大事だけど、周りを見すぎて足元に来たボールが止められないというのは、本末転倒。大切なことは、ボールをちゃんと「止める」こと。「止める」とは、次のプレーまで最短にいける場所にボールを置くことだ。

ピンポイント解説

足で面を作ってボールを抑えるようなイメージだ

ここに気をつけよう！

足元の内側にボールを置いてしまうと、次のプレーがスムーズにならないぞ！

STEP01 ▶▶▶ 点で止める

②ボールを止めやすい足のポイントを見つけよう

トラップの動作に慣れてきたら、今度は自分の足のどこで触るとボールが止まりやすいのか。それを意識してみよう。

1

ボールの軌道上に右足を出す

2

ボールを足の内側の止めポイントに合わせる

3

右足の内側の止めポイントに当てる

4

ボールの少し上部分を意識して当ててみる

5

ピタリとボールが止まった

6

次に蹴りやすい位置にコントロール

「ピタッ」と止められる瞬間が必ずある。その感触を覚えておこう。

難易度	★☆☆☆☆	
1回目	2回目	3回目
／	／	／

（※実行した日付を入れよう！）

上達の極意

足のどこに当てるのか。
自分は右足の内側のくぼみに「止めポイント」がある。
どこに当てるとピタリと止まるのか。漠然とトラップせずに、止めるポイントを意識しながら練習を繰り返そう。

ボールを止めやすい「足のポイント」を探す

思ったところにボールを止めるためには、自分の足のどこが止めやすいポイントなのかを見つけることが大事になる。

僕の場合は、足の内側にあるくぼんでいるところに当てると、うまくボールが止まる。人によってはその場所がかかと寄りな子もいるかもしれないし、つま先寄りの子もいるかもしれない。

骨格や身体は人それぞれだし、その人にあった止め方があるので、答えもそれぞれ。それを掴むまでは、何度も何度も繰り返しやるしかない。

足のいろんな場所でボールを当てて「自分のポイント」を見つけよう。

ここに気をつけよう！

ボールのまん中や下の部分に足を当てると、グラウンダーのボールは浮きやすくなるので注意！

STEP 01 ▶▶▶ 点で止める

③ボールをコントロールできる「置き場所」を見つけよう

足元のどこの位置にボールを置けば、次の動作がスムーズになるのか。ボールの「置き場所」をより意識したトラップをしてみよう。

1

正面にボールが来る

2

ボールの上部分を止めるように足を出す

3

自分の止めポイントに当てる

4

しっかりとボールが止まった

5

足元に入りすぎない位置にボールをコントロール

6

いつでも蹴れるボールの位置が「自分の置き場所」だ

次のプレーにすぐに移れる場所にボールを置くイメージを持とう

難易度	★☆☆☆☆	
1回目	2回目	3回目
／	／	／

（※実行した日付を入れよう！）

上達の極意

うまくできないときは、止めた後の次のプレーのイメージから逆算するようにしてみるのがオススメだ。例えば、対面パスをやっているときならば、一番スムーズにパスを出すには、どこの場所にボールを置けばキックしやすいのか。それをイメージしてやってみよう。

コントロールしやすい最適の「置き場所」を探す

〈②：ボールを止めやすいポイントを見つけよう〉で、自分の足のポイントを見つけたはずだ。次のステップは、自分がボールをコントロールしやすい「置き場所」を見つけることだ。

例えば、自分の後ろ側にボールを止めてしまうと、すぐにはボールを蹴れない位置になってしまう。ボールを置くエリアは、足元に近すぎても、遠すぎてもキックするまでの時間がかかってしまう。素早く蹴るためには、どの距離にボールを置けばいいのか。その「置き場所」を見つけられれば、君もボールコントロールの上級者だ。

ここに気をつけよう！

足元にボールが入り過ぎてしまうと次のプレーまでの時間がかかってしまう

ボールが浮いてしまうとすぐには次のプレーに移れない。浮かせないことを常に考えよう

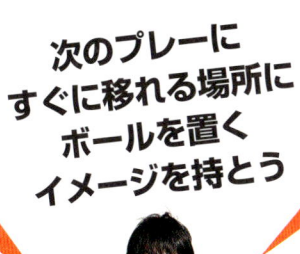

STEP 01 ▶▶▶ 点で止める

④上半身をリラックスさせよう

止める、蹴るの反復練習を続けていると、つい足元ばかりに目がいってしまいがちだ。上半身をうまくリラックスさせる状態を作ることも実は大事な要素だ。

❶

上半身をリラックスさせる

❷

ボールを見ても上体はまっすぐ

❸

姿勢を伸ばしたまま足を出す

❹

目線は下げても姿勢は維持

❺

ボールが止まっても背中を丸めない

❻

この姿勢をキープ

無重力状態をイメージしながら、上半身をリラックスしてトラップしてみよう

難易度	★☆☆☆☆	
1回目	2回目	3回目
／	／	／

（※実行した日付を入れよう！）

上達の極意

試合で緊張していると身体が硬くなるので、柔らかいボールコントロールができなくなってしまう。背筋を伸ばして姿勢を良くしながら、肩などの力は抜き両手をぶらぶらと軽く振って、リラックしながらやってみよう。

上半身は常にリラックス

足元ばかりに集中して、上半身がリラックスしていないと、トラップをする際に、体全体がぎこちない動作になってしまうこともある。

それではトラップもうまくいかない。

上半身は常にリラックス。例えて言うならば、無重力状態でプレーするような感覚だ。無重力状態とは、宇宙空間にいるようなフワフワした感覚のことだ。ボールコントロールがうまくない選手というのは、ディフェンスからすればボールを奪いやすい相手になる。トラップの練習では上半身の力を抜き、ときに背筋を意識しながらやってみよう。

ピンポイント解説

背筋をスッと伸ばすイメージでトラップする

ここに気をつけよう！

足元に視線が集中して背中が丸くなっている。視野も狭くなってしまう

STEP 01 ▶▶▶ 点で止める

⑤動きながらトラップしてみよう

止まった状態でのトラップに慣れてきたら、少し動きを入れながらボールを止めてみよう。

1

軽いステップを踏む

2

ボールの軌道に合わせて動く

3

トラップする位置に移動

4

ボールに合わせて足を出す

5

置き場所を意識して止める

動きが出た時こそ、正確に、丁寧にやる！

難易度	★★☆☆☆	
1回目	2回目	3回目
/	/	/

（※実行した日付を入れよう！）

上達の極意

試合のとき、止まったままの状態でボールをトラップする機会はあまりない。動いていても、止まっているときと同じ動作と考え方を心がけることが大事。これまで学んだ、ボールを当てる「足のポイント」、ボールの「置き場所」を意識しながらトラップしよう。

動きながら、ボールを止める

止まった状態のトラップに慣れてきたら、次は動きながら、ボールをトラップしてみる。自分が動きを入れることで、ボールを止める位置がいつもよりズレるかもしれない。コントロールする場所がズレたら、プレーがいつもよりも遅れるし、実戦では相手に寄せられてしまうかもしれない。

動くからといって、トラップが雑になってはいけない。ボールを止めるという動作はこれまでに学んできたことと基本的には同じだ。

正確に、丁寧に、止めることを心がけよう。

ピンポイント解説

次のプレーをイメージしながら、コントロールできる置き場所に止める

ここに気をつけよう！

ボールが浮いてしまいトラップ失敗。プレーが遅れたり、相手に寄せられてしまう

STEP 02 ▶▶▶ 逆足で止める

①逆足のトラップポイントを探そう

トラップの感覚が掴めるようになったら、次は利き足とは逆の足でも止められるようになろう。

1

ボールの軌道を見て逆足を出す

2

利き足同様に、ボールを見る

3

ボールを当てる場所を意識する

4

ボールを置く位置に注意

5

利き足の前にくるように当てる

6

利き足の蹴りやすい位置にコントロール

最初はぎこちなくて当然！あせらずに、ゆっくりやってみよう

難易度	★★☆☆☆	
1回目	2回目	3回目
／	／	／

（※実行した日付を入れよう！）

上達の極意

一連の動作は止まっているときと同じ。逆足のどこにトラップしたら、利き足の蹴りやすい場所にボールを置けるのか。理想は、右足でも左足でも遜色なく止めること。何回も練習しよう。

逆足で止めるとは？

誰にでも「利き足」はあるので、逆足になると、キックと同様トラップもどうしてもぎこちなくなる。考え方としては利き足でトラップするときと同じだと思っていい。

ただ逆足の場合は、ボールを当てるだけではダメだ。次の動作である右足でのプレーがスムーズにできなくなるからだ。ボールを止められたからOKではなく、素早く利き足で蹴れるところにボールを置くためには、逆足のどこにボールを当てればいいのか。そのイメージを持って止めることが大事なんだ。

ピンポイント解説

次のプレーがしやすいように、利き足（右足）で蹴りやすい場所に止めることができている

ここに気をつけよう！

利き足で蹴りやすい場所にコントロールできずにボールが流れてしまっている

STEP 02 ▶▶▶ 逆足で止める

②左足で右足にパスを渡すイメージで置いてみよう

逆足でボールを止めて、利き足で蹴ることこそが、実は最速。その動作をスムーズにできるようにしよう。

逆足は浮かし過ぎないように構える

ボールの上側に当てるように足を出す

足の止めポイントにボールを当てる

利き足の前に移動するように角度をつけてコントロール

利き足(右足)で蹴りやすい場所にボールを置けている

「逆足（左足）は添えるだけ」だ！

難易度	★★☆☆☆	
1回目	2回目	3回目
／	／	／

（※実行した日付を入れよう！）

上達の極意

逆足のトラップを練習するときは、角度をつけたパスになるように自分の体勢を意識してみよう。逆足（左足）で止めて利き足（右足）で蹴るという動作がスムーズになるように、身体の向きを自分なりに工夫してみるのがコツだ。

最速のプレーにつながる、逆足のトラップ

なぜ逆足で止めることを身につけて欲しいのか。

それは僕自身が試合では逆足（左足）で止めて、利き足（右足）で蹴る動作が非常に多いからなんだ。なぜならそれが最速のプレーだから。

利き足（右足）でボールを止めて、利き足（右足）で蹴る動作は、逆足（左足）で止めて、利き足（右足）で蹴る動作に比べると、蹴り直す分だけ少しだけテンポが遅れてしまうんだ。

イメージとしては利き足（右足）にパスを渡すイメージだ。ぜひ逆足のトラップを身につけて欲しい。

ピンポイント解説

利き足のとき以上に力を入れずにボールを当てることがポイントだ

ここに気をつけよう！

力が入ってしまうと、コントロールが大きく乱れてしまう

③足首と膝の角度を調節してみよう

逆足のトラップがうまくいかないときはどうすればいいのか。そんなときは、足首と膝の角度を意識してみよう。

1

足首と膝の角度を変えながらやってみよう

2

この角度でトライ

3

ボールの勢いが逃げない角度を意識して足を当てる

4

足首を固定するが、力は入れない。

5

角度をつけたことで右足に置きやすくなった

6

右足でのプレーがスムーズにできる場所にコントロール

足首を固定したまま、ボールに当ててみよう！

難易度	★★☆☆☆	
1回目	2回目	3回目
／	／	／

（※実行した日付を入れよう！）

上達の極意

ミスしているときは、足首が固定できていないことが多い。ボールが逃げてしまわないように、足首を固定してやってみよう。試合では、右から来たボールは逆足である左でボールを止めて、利き足の右足で蹴ることが多い。大事なのは、ボールを止められて、次のプレーに最短でいくことだ。

足首と膝の角度を意識して止める

僕の右足には蹴りダコがあるけど、実は左足にはトラップの止めダコがある。少し出っ張っていて、そこにボールが当たると止まる場所になっているんだ。

逆足（左足）でボールをコントロールするときは、左足首をやや内側にして、右足にボールを運ぶことがポイントだ。そしてボールを止められたからOKではなく、次のプレーに早く移るところにまでこだわってやっていかないとダメだ。足のどこに当てたら右足の前に行くのか。繰り返し確認して、うまくいったときは、その感覚を覚えておくこと。そして自分の止めダコを見つけてほしい。

ピンポイント解説

足首を固定して、ボールの勢いを止める膝の角度を意識する

ここに気をつけよう！

膝の角度が悪く、ボールの勢いを吸収できていない

①強いボールをコントロールしてみよう

逆足でトラップして、右足で正確に出す。それができるようになったら、今度は強いボールを受けてみよう。まずは一連の動作の確認だ。

1

ボールの勢いが強いことを確認

2

慌てずに軌道を観察

3

最後までボールを見る

4

いつもの自分の止めるポイントに当てよう

5

当てる時は足首に力を入れない

6

ボールが止まった！

強いボールを止める時、足は「置いておく」！

難易度	★★★☆☆	
1回目	2回目	3回目
／	／	／

（※実行した日付を入れよう！）

上達の極意

大きく跳ねないようにするためには、自分の足に当たったときにスピードを落とす工夫が必要だ。
足を当てる時は、力を入れないほうがうまくいく。最後までしっかりとボールを見て、「足を置いておく」ことを意識しよう。

強いボールを止める心得

強いボールをコントロールしてみよう。

当然のことながら、強いボールは、スピードが速い。このパスに何も考えずに足を出したらどうなるか。足に当たったボールが跳ねて、自分の身体から遠くに離れていってしまう。

だからといって難しく考えることはない。

ボールのスピードが速い時は、足首に力を入れずに置いておくことでボールは止まるんだ。

最後までボールをしっかりと見ること。強いボールをコントロールすることを日常にしてみよう。

トラップのエピソードトーク❶

2017年シーズン開幕前に「Get Sports」という番組で、自分のトラップについての特集を組んでもらったことがある。データによれば、試合中にボールをトラップしてからパスを出すまでの僕の平均時間は1.179秒。これはJ1リーグ最速だと紹介されていたんだ。0秒台でボールを動かしていた回数も多かった。ほとんどダイレクトでプレーしているのに近い感覚だけど、それぐらい「止める」、「蹴る」を素早くやっていれば、相手に潰されることは減ると思う。

ここに気をつけよう！

自分も慌てて動いて止めようとすると、その勢いでボールが跳ねてしまうぞ

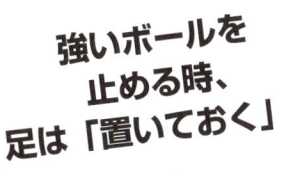

STEP 03 ▶▶▶ 速いボールを止める

② 自分のスピードの意識を「ゼロ」にしてみよう

トラップの瞬間に足に力を入れてしまうと、ボールが反発して失敗してしまいがちだ。強いボールを止めるためのコツは、そこに足首を置いておくこと。

1

強いパスが来ても慌てない

2

ボールのスピードに合わせて移動

3

ボールの軌道から止める場所に足を出す

4

ボールがくる瞬間は力を抜いてみよう

5

低反発まくらのように、勢いを吸収するイメージだ

6

力を抜いたほうが、強いボールは止まる

自分のスピードの意識を「ゼロ」にしてみよう！

難易度	★☆☆☆☆	
1回目	2回目	3回目
／	／	／

（※実行した日付を入れよう！）

上達の極意

速いボールをピタリと止めたいときに、自分が頭の中でイメージしているのはボールの速度を「0km/h」にすること。ボールが遅い時は、自分で少し力を入れて持ち出す意識が必要だけど、ボールが速い時は、速度を「0km/h」にすることがポイント。

速いボールを止める心得

速いスピードで来たボールに対しては、コントロールの瞬間に足首の力を調節するのが止めるポイントだ。

足首に力が入った状態でトラップすると、跳ね上がってしまう。

強いボールを止める瞬間は、足首に力を入れるよりも、そこに足首を「置く」だけ。

かつ、そのスピードを吸収するという意識も持ちたい。ついつい足首に力が入ってしまうけど、そのぐらいの気持ちで十分なんだ。例えて言うならば、低反発まくらをイメージして欲しい（笑）。

ピンポイント解説

止まる位置がずれても、勢いを吸収できればボールは止まるぞ

ここに気をつけよう！

勢いを吸収できず、足元にうまく収まらなかった

STEP 03 ▶▶▶ 速いボールを止める

③軸足を少しだけ浮かせてみよう

不規則で強い回転のパスには、軸足を少し浮かせてみよう。うまく止められなくても慌てずにリカバーすることも大事だ。

1

とても強いボールには、一瞬だけ軸足をわずかに浮かす

2

強いボールに足を当てる

3

ボールをおさえる

4

ボールの勢いが止まらない

5

勢いが止まらなくても、慌てずにリカバーしよう

最初は意識的に軸足を浮かしてトラップしてみよう。より勢いを吸収しやすくなるはずだ

難易度	★★★★☆	
1回目	2回目	3回目
／	／	／

（※実行した日付を入れよう！）

上達の極意

普段から「強いボールだから、軸足を浮かせないといけない！」と思いながら浮かせているわけではなくて、完全に無意識の世界だ。でもそこにたどり着くには、意識的に練習し続けることが必要だ。強いボールがきた時は、一瞬だけ「フッ」と軸足を浮かしてみよう。

意識的に軸足を浮かす

自分の試合中の写真を見ていると、速いボールを止める直前、自分は軸足のかかと部分を少しだけ浮かせていることに気づく。軸足を浮かしているといっても、ボールを止める瞬間に大きくジャンプしているわけではなくて、数センチが浮いているだけ。

地面に足が付いていると足に力が入りやすいのでコントロールしにくくなる。少しだけ浮かせてみることで足首の力みが減って、うまく威力を受け止めやすくなる。これは無意識でやっているプレーだけど、無意識にできるようになるためにも、最初は「意識的に」やってみよう。

トラップのエピソードトーク❷

2017年のACL（アジアチャンピオンズリーグ）で中国の広州恒大にいたパウリーニョとマッチアップする機会があったんだ。

パウリーニョといえば、現役のブラジル代表選手で、現在はFCバルセロナでプレーしている超一流のサッカー選手。中でもボールを奪う技術は世界屈指だ。試合中に少しでもボールのトラップを慌ててしまうと、あっという間に懐に入られてボールを奪われてしまう。あのパウリーニョの迫力には、苦労した。

でも自分のトラップさえしっかりとできれば、たとえパウリーニョが相手だったとしてもボールは取られないでサッカーができる。トラップがしっかりできれば、ブラジル代表選手とも渡り合えると自信がついた。

トレーニングメニュー

メニュー ▼▼▼ 対面パス

目的 ファーストタッチで自分の蹴りやすい場所にボールを置くこと

いろいろな練習があると思いますが、ボールを止める・蹴るという、基本的な部分がサッカーで一番大事だと思ってますし、紹介しているメニューも特別なものはありません。紹介しているのは一般的なメニューを通じて意識して欲しいポイントです。対面パスのように単純な練習でも、1本1本を真剣にとめることを意識しながらやることが、それが最高のトレーニングになります。

練習方法

3～5メートル間隔の距離で、向かい合って立ち、お互いの足元へグラウンダーのパスを出しましょう。最初はゆっくりとしたパスを出し合い、トラップに慣れてきたら、徐々に強いパスを出していきましょう。

意識すべきポイント

❶ボールの勢いを止めること
❷自分の蹴りやすい(次のプレーをしやすい)場所にボールを置く
❸しっかり止められたら、蹴るまでの時間を早くしてみる

ケンゴの上達アドバイス

丁寧にやる！ 正確にしっかりと止めて蹴るのが最速！

（小学生〜中高生中心）

サッカー少年・少女のための食事Q&A

回答：（株）明治

Q. 食事の中でも重要なのは量・質・タイミングだと言われますが、どういうことでしょうか。（サッカー少年・少女に向けた、日頃の一般的な食事のアドバイスをお願いします）

A. サッカーをしている人は、何もスポーツをしていない人に比べてたくさんの栄養が必要です。サッカーをする分、たくさんのエネルギーを使いますし、筋肉や血液などはダメージを受けるため、それを修復するためにも必要になります。更に、成長期の選手ともなれば、成長のためにも必要となります。

栄養がたくさん必要だからと言って、むやみにお腹いっぱい食べれば良いということではありません。なぜなら、食品に含まれる様々な栄養素には個々に働きがあり、それぞれがサッカーや成長のために重要な役割を持っているからです。では、具体的にどのような栄養素が必要かというと、5大栄養素といわれる炭水化物（糖質）、脂質、たんぱく質、ビタミン、ミネラルです。これらの栄養素を毎日、バランスよく摂取することが大切なのです。そこで、バランスよく栄養を摂取できる食事テクニックをご紹介します。それは、毎食『栄養フルコース型』の食事を摂ることです。『栄養フルコース型』の食事とは、①主食②おかず③野菜④果物⑤乳製品の5つの食品が揃った食事のことで、なにも豪華で特別なメニューである必要はありません。サッカーにもポジションがあり、それぞれに役割があるように『栄養フルコース型』の食事の①〜⑤にもそれぞれ役割があり、摂取できる栄養素が異なるため、毎食①〜⑤を全て揃えてまんべんなく栄養素を摂取することが重要なのです。

また、栄養補給のタイミングも大切です。練習後や試合後はなるべく早いタイミングで栄養補給を行った方が、使った筋肉の修復や疲労回復に良いというデータがあります。そのために、手軽に摂れる補食やサプリメントを準備しておくことも重要です。

第2章

自分の型を見つけて、正確に蹴る

「止めること」ができたら、次は「蹴ること」だ。

言うまでもなく、「止めること」と同じぐらい「蹴ること」も大事。第１章で「止めること」にあれだけこだわったのも「蹴ること」の選択肢を多く作るためだからに他ならない。

　お店に並んでいるサッカーの実用書で「キック」に関する説明を読んでみると、「ボールの横に軸足を踏み込んで、右足を開いて前に押し出す」というような解説がよく載っている。

　その説明自体は間違っていないと思うのだけど、僕はその蹴り方が全員に当てはまる「正解」ではないと思っている。

　なぜなら正しいキックというのは、その人の足の大きさや骨格とも大きく関係してくるし、みんなが同じ蹴り方とは限らないからだ。例えば僕でいうと、ガニ股なので、関節の構造上、アウトサイドキックはあまり使わない。仮に右のアウトサイドキックを使うような場面であっても、左のインサイドキックを使うし、自分にとってはそちらのほうがスムーズなんだ。それならば、蹴りやすい蹴り方を優先した方が良い。

　だから、僕の蹴り方をすべて真似する必要はないと思っている。色々と試してみて、「自分の蹴りやすい型」が見つかったら、どんどんボールを蹴って磨きをかけていくべきだ。そうやって自分なりの「正確に蹴る技術」を見つけて欲しい。

　ちなみに僕自身、何種類のキックを使い分けているのかというと、試合ではほとんどインサイドキックを使っている。感覚としては７割から８割ぐらいがインサイドキックだ。あとはインステップキックかインフロントキック。だから、試合ではインサイドキックとインステップキックそしてインフロントキック３種類が中心だと言えるかもしれない。

　そこでこの本では、インフロントキックとインステップキックそしてインサイドキックという代表的な三つのキックの原則を紹介している。しっかりとポイントを掴んで学んで欲しい。

　繰り返すようだけど、「ボールを止める」と「ボールを蹴る」という部分は、サッカーで一番大事だと思っている。ここを軽視して、派手なことをやろうとしてもうまくはいかない。本気で取り組んで、正確に蹴る技術を身に付けて欲しい。

STEP 01 ▶▶▶ 強く、正確に蹴る

①キックフォームを意識して蹴ってみよう

ボールを蹴る時に意識して欲しいのは、キックフォームだ。インフロントキックのフォームをじっくり見て欲しい。

1

ボールをしっかり見る

2

少しだけ前傾姿勢に

3

ボールのナナメ後ろから助走は短く

4

ボールの真横か少し前で強く踏み込む

5

踏み込む軸足はかかとから

6

ボールから目を離さない

7

ボールは掬い上げるイメージ

8

蹴り足の勢いは止めない

9

フォロースルー

第一章
第二章
第三章
第四章
第五章

ボールの下を掬い上げるイメージで蹴ってみよう

難易度	★☆☆☆☆	
1回目	2回目	3回目
／	／	／

（※実行した日付を入れよう！）

上達の極意

インフロントキックでは、ボールの下の部分を蹴るように心がけること。より遠くに飛ばすならそこから下の部分を掬い上げるようなイメージで蹴ってみよう。インパクトする場所は、足首に近い足の甲の真ん中の部分だ。

キックフォームを意識する

インフロントは足の甲の部分でキックする技術だ。ボールに当たる面積が少ないけど、上手くボールに当てることができれば、効率的に力が伝わるので、より遠くに飛ばすことができるんだ。キックするまでのフォームでは、足の振りの早さも大事だけど、ボールの下を掬い上げるようなイメージで構えて欲しい。

体が大きいからボールが飛ぶわけではないし、足が大きいから強いシュートを打てるわけじゃない。フォームを意識しながら、自分だけのポイントを掴めるように、ボールをたくさん蹴って欲しい。

ピンポイント解説

ミートポイントである足の甲の真ん中を当てよう

キックのエピソードトーク❶

小学生の頃、体は小さかったけどボールはよく飛ぶタイプの少年だった。

きちんとボールに足を当てることができれば、長い距離の助走を取ったり、特別な力を入れて蹴らなくても、ボールは強く、速く蹴ることができる。たくさん練習しよう。

STEP 01 ▶▶▶ 強く、正確に蹴る

②ミートポイントと軸足の置く位置を見つけよう

インステップキックの練習をたくさんしていくことで、「足の甲のここに当てると飛ぶ」というポイントが掴めてくるはずだ。それが君の「ミートポイント」なんだ。

1

ボールの位置を確認

2

軸足のつま先は狙っている方向に

3

ボールの真横に軸足を置く

4

軸足は固定して強く踏み込む

5

足の甲にしっかり当てる

6

足首がグラつくと飛ばないぞ

うまく蹴れた時の感触を思い出しながら反復しよう

難易度	★☆☆☆☆	
1回目	2回目	3回目
／	／	／

（※実行した日付を入れよう！）

上達のツボ

まずは一番力が伝わる、足の甲のミートポイントを見つける。そして軸足のつま先は狙っている位置を向くこと。力強く踏み込んで、ボールをしっかりと叩こう。ボールに近すぎず、遠すぎない位置に軸足を置くことも大事だ。

ミートポイントとは？

ミートポイントとは、ボールを蹴るときに、一番力が伝わるポイントのことだ。ここに当てれば飛ぶというポイントがそれぞれあるはず。

そのミートポイントを捉えれば、正確に、強いボールを飛ばすことができるんだ。だけど、それを1球だけ蹴って見つけるのは不可能。強いボールを蹴れた感触を掴んだら、何度もトライしてみることだ。

軸足の踏み込み方もいくつか試してみて欲しい。時間はかかるかもしれないけど、いろいろ試してみることが一番の上達の近道になる。

ピンポイント解説

ボールの当て場所も試しながら蹴ってみよう

キックのエピソードトーク❷

川崎フロンターレのチームメートに森谷賢太郎という選手がいる。
身体は大きくないのだけど、誰もがビックリするようなミドルシュートを打てる選手で、2017年にはJリーグの月間ベストゴールにも選出されたほどだ。

ミートポイントに当てるとあんなにすごいシュートが打てるのかと横でいつも驚かされるし、自分だけの武器を持つことはとても大事なことだと思う。

STEP02 ▶▶▶ 強く、正確に届ける

①インサイドキックで蹴ってみよう

正確に味方に届けるパスになるインサイドキックは、試合中に一番多用するキックだ。ボールを足の内側のどこに当てるかを意識しながら練習しよう。

①

助走は短く

②

ボールのほぼ真横に軸足を置く

③

足首を90度に曲げて蹴る

④

身体が横に向いてしまうが、あくまで正面を向いたままだ

⑤

蹴り出した方向にまっすぐ振り抜く

⑥

ボールを浮かさずに押し出すイメージだ

トラップからキックまでのリズムを大事にやってみよう

難易度	★☆☆☆☆	
1回目	2回目	3回目
／	／	／

（※実行した日付を入れよう！）

上達の極意

足首を伸ばして固定して蹴るインステップキックに対して、足首を90度に曲げて蹴るのがインサイドキック。動作に慣れるまでは身体が横に向いてしまうかもしれないけど、あくまで正面を向いたままだ。もちろん、ボールを足の内側のどこに当てるかも意識しよう。

試合中に多用するインサイドキック

インサイドキックは、ボールを浮かさないように蹴ることがポイントになる。慣れるまでは身体が横向きになってしまうかもしれないけど、正面を向いたまま蹴れるように習慣化しよう。

川崎フロンターレのサッカーは、強いパスでのボールスピードが生命線になっているけど、それを支えているのもインサイドキックなんだ。

一人一人、足の形が違うし、当てる場所で力の伝え方も違うので、蹴り方に正解はない。なので自分に合ったインサイドキックの蹴り方を見つけよう。

ピンポイント解説

土踏まずの上付近を中心とした足の内側がミートポイントだ

ここに気をつけよう！

身体と顔の向きがバラバラになると、良いパスにはならないぞ

②コンパクトなスイングを意識しよう

インサイドキックで意識したいのは、いかに素早く強いボールを蹴れるかだ。コンパクトな振り抜きがポイントになる。

1

助走は長くしない

2

素早く足を蹴れる角度と位置に踏み込む

3

ボールの位置を確認

4

足首をグラつかせずに当てる

5

蹴り出した方向に素早く振り抜く

6

ここでも足首や軸足がグラつかないようにしよう

イメージはゴルフのパターー。足を素早く振り抜いてみよう

難易度	★★☆☆☆	
1回目	2回目	3回目
／	／	／

（※実行した日付を入れよう！）

上達の極意

速さを意識して、短い振り幅で蹴ってみよう。助走から軸足の踏み込みも強くない分、素早く、コンパクトな振りができるはずだ。ゴルフのパターをイメージして、足を素早く振り抜いてみよう。ボールと足のミートポイントがズレないように注意したい。

素早く振り抜く大切さ

ミートポイントが掴めてきたら、素早く振り抜くキックを意識してみよう。素早いモーションで強いインサイドキックをすれば、相手にコースも読まれにくくなる。

これまでボールを蹴ってきた回数がどのぐらいなのかはわからないけど、僕の足には「蹴りダコ」が出来ている。右足くるぶしのちょっと左下あたりが、ぽっこりと出っ張って硬くなっているんだ。子供の頃に一番強く蹴れるミートポイントを見つけて、常にその場所でインサイドキックを続けていたら、内側の骨が変形してしまったのか、凸形に盛り上がっているんだ。なのでみんなも自分なりの「ミートポイント」を見つけて欲しい。

ピンポイント解説

軸足がぶれておらず、振りぬいた後の足も上がりすぎていない

ここに気をつけよう！

体の向きや軸足がぶれており、ボールに力が伝わっていない

STEP 02 ▶▶▶ 強く、正確に届ける

③味方が受けやすいパスを意識しよう

インサイドキックを正確に蹴れるようになってきたら、次のステップだ。今度は味方がトラップしやすいボールを意識して届けてみよう。

1

相手の位置を確認して助走しよう

2

ボールは蹴り足の前に置く

3

コンパクトな振りから

4

ミートポイントに当てて

5

気持ち良くボールに足をこする

6

ボールの軌道が線になるイメージ

イメージは、一本の線になる軌道を描くボールだ！

難易度	★★☆☆☆	
1回目	2回目	3回目
／	／	／

（※実行した日付を入れよう！）

上達の極意

対面パスでは、ボールの軌道が一本のラインを描きながら、相手に届くようなイメージで。もちろん、速くて強いパスだ。パスは味方の足元に正確に届けるのが重要だ。

軌道を意識する

インサイドキックでの振り足は、気持ち良くボールをこするようなイメージだ。味方に届けるときはボールの軌道が一本の線を描きながら、スーッといくようなイメージを描いて欲しい。

ポイントは、ボールの勢いを弱くしないこと。ボールスピードを上げていっても、正確に味方の足元に届けることができるか。対面パスの練習をする中で味方も、そのボールをしっかりと止められないと練習にならない。味方がコントロールできたら次は対面の相手にも強いパスを蹴ってもらおう。それをピタッと止めて、また速くて正確なパスを相手に返す。対面パスはその繰り返しなので高い意識を持って集中してやってみよう。

キックのエピソードトーク③

僕が少年時代、「止める」、「蹴る」を磨く練習方法として一人でよくやっていたのが「壁当て」だった。

近所の壁にめがけてボールを蹴って、その跳ね返りをトラップするということをずっとやっていたんだ。その壁には10センチぐらいの小さいでっぱりがあって、角に当ててしまうと、ボールが跳ね上がって隣の家の庭に入ってしまうんだ（ボールを取りにいくと、そこのおじさんに怒られていた）。

だけど、この角にうまく当てれば、ライナー性の鋭い軌道で自分のところに戻って来る。スピードと回転を工夫しながら、それを良い角度に当てて跳ね返ってくるように練習していたら、無限に楽しめたんだ。自分のトラップとキックの技術は、この壁当てで培ったものだと思っているぐらいだ。

強いボールをうまくトラップするためには、足のどこで止めればいいのか。狙ったところに飛ばすには、足のどこに当てれば良いのか。それを学んだ、僕の原点ともいえるかもしれないね。

STEP 03 ▶▶▶ 蹴り分ける

①相手に予測されない蹴り方を身につけよう

ここからは実践的なステップになる。対面相手がいるときにパスカットされないための、キックの蹴りわけ方を学んでいこう。

1

対面相手との距離を確認

2

相手に取られないリーチを確保

3

ボールは自分の置きどころに

4

この距離が自分の間合いだ

5

インサイドキックのような振りから

6

インフロントのパスで届ける

相手に読まれないようにするために、コンパクトな振りで蹴る！

難易度	★★★☆☆	
1回目	2回目	3回目
／	／	／

（※実行した日付を入れよう！）

上達の極意

ボールを蹴る時の選択肢が多ければ、パスカットされにくくなる。両方のキックができる位置にボールを置くこと。インサイドとインフロントを交互に蹴り分けながら、素早くコンパクトな振りで両方のキックを身につけよう。

キックを蹴り分ける

同じ場所から、同じようなキックでパスを出しても、相手にカットされてしまう選手と、ちゃんと味方につながる選手がいる。その差はどこだろうか。

例えば、ボールを蹴るときにモーションが大きくなると、どうしてもコースを読まれやすくなる。そこでモーションをコンパクトにして、キックの使い分けができれば、それだけでマークしているディフェンスを迷わせることができるというわけだ。インフロントやインサイドなどいろんなキックの蹴り分けを意識してみよう。

囲み解説

キックを蹴り分けるときには、どちらのキックでも出来る自分の間合いの位置にボールを止めることが大前提になる。それができれば、顔を上げて周りを確認できる時間は増えるし、確認できる時間が増えればプレーの選択肢も増える。

逆にいうと、トラップが崩れると、視線が足下にいくので顔を上げて周りを見れる時間が少なくなる。特に相手ディフェンダーはボールを止める瞬間を狙ってボールを奪いに距離を詰めてくることも多い。次のプレーに移りやすい位置にボールを止めることは、基本中の基本だ。

②味方がフリーならば、前のほうの足に出そう

動いている味方の足元にパスを届けるにはどうすれば良いのか。それは味方の特徴や状態、体勢等をよく把握することだ。ここでは、そのポイントを学ぼう。

1

顔を上げて味方がフリーであることを確認

2

味方がスペースに走り出しているのを確認して出す

3

味方のスピードを落とさないパスを届けよう

4

味方がボールにしっかりと反応している

5

動き出している味方が、足を出す位置にピンポイントで届けよう

6

右足でコントロールできる位置にパスが通った

パスを受ける側の気持ちになって、ボールを出してみよう

難易度	★★★☆☆	
1回目	2回目	3回目
/	/	/

(※実行した日付を入れよう!)

上達の極意

ボールをコントロールした後に、顔を上げて前の状況を確認したときに、FWは裏のスペースで受けたいのか、足元で受けたいのか。それを瞬時に判断することがポイントだ。味方の動き出しや癖を普段の練習から掴んでおくと、スムーズにできるようになる。

味方の足元にピンポイントのパスを届ける

僕がよく聞かれる質問のひとつに、「中村憲剛選手のようなスルーパスを通すにはどうすればいいですか?」という質問がある。

スルーパスを通すには、パスを出す側の精度が求められることはもちろんのこと、それと同時に、受ける側の選手の特徴(足が速い、遅い、体が強い等)や状態、体勢(フリーなのか、マークがつかれているか)、そしてその選手がどういう意思を持ってそこに走り出しているかを汲み取ることが大事になる。ゴール前に走り出している味方が、受けやすいボールを出してあげることを意識する。

例えば、味方がフリーの状態だとわかったら、味方のスピードを落とさないように前の足にちょうど届くようなパスを出してみよう。

囲み解説

スルーパスは空間に出すパスなので、味方が追いつくまでに時間がかかってしまうことも多い。そういうときは走っている味方の足元に、ピンポイントで届けるパスになるほうが正確で速い。

ボールを受けたときに、前方を確認すると、右側に走り出している味方の動きが見える。自分から味方までの1本の線を引いて、そこを通すイメージだ。強くて、速いボールをピンポイントで足元に届けるようになれば、パーフェクトだ。

STEP03 ▶▶▶ 蹴り分ける

③マークされていても、パスは通せる

相手にマークされていると、味方にパスは出しにくいもの。でも味方がボールをキープできる足元にピンポイントでパスを出せれば、相手が届かないことも多い。

対面に相手がおり、味方が相手にマークされている状態だと認識

相手の立ち位置を見る。左足の足元に出せば、相手が届かない

そこにパスを出す。受け直しのサポート

相手が届かない左足に出すのがキモだ

トラップ成功。リターンをもらって展開しても良い

ピンポイントパスは、強さ、角度、正確さを心がけよう！

難易度	★★★★☆	
1回目	2回目	3回目
／	／	／

（※実行した日付を入れよう！）

上達の極意

味方が相手に背中でマークされているから「パスが出せない」という意識を変えることが重要だ。相手の重心を観察して、相手の足が届かない方向の足元の位置に出せば、受けることはできるはずだ。

マークされていても「フリーの状態」はある

相手を背負っている味方を見て、パスを出せないと思ってはいけない。相手の位置を見て、味方がボールをキープできる位置にタイミングよくパスをつけられるのならば、それは「フリーな状態」と言っていいんだ。

写真では、味方が狭いエリアで相手を背負ってマークされているように見えるけど、左足に出せば、ボールが取られない位置だとわかる。だったら、そこにボールをつけてあげればいい。このときに求められる技術は、やはり「正確性」。タイミングを逃さず、かつ味方の足元に対して、正確に届けるパスが必要になる。

囲み解説：自信を持って味方の足元にパスを出すには？

僕の所属している川崎フロンターレでは、チームの中では「フリーの定義」を共有するようになっている。味方が相手を背負っていても、うまいタイミングで正確なパスを出せばボールをつけられるので、それはマークされているのではなく、フリーな状態だという考え方なんだ。

もちろん、これは簡単ではないし、移籍してきた選手はびっくりする。マークしている相手の重心を見ながら、味方がボールをキープできる位置にタイミングよくボールをつけられるかどうかは、自分の技術に自信がないとできないプレーでもある。どうしても「パスカットされるんじゃないか」と不安になってしまうからだ。

自信を持って味方の足元にパスを出すには、普段から１本のパス精度に徹底的にこだわっていく意識付けが大事だ。

「いま、この目の前にあるボールを正確に届ける」、「思い通りの軌道で届ける」。
練習からそのぐらいパス１本に物凄く集中してやれるかどうか。対面パスであっても、その意識を積み重ねていって欲しい。

STEP 03 ▶▶▶ 蹴り分ける

④相手のタイミングをずらして、味方にパスを通そう

ボールホルダーである自分のタイミングで、味方にパスを通すコツについて学んでいこう。

1

対面相手との距離と角度を確認する

2

ボールは次のプレーの選択肢が多く選べる場所にトラップする

3

味方を見て、右側にボールを出すように見せかける

4

味方の動き出しを確認したら、目線を使いながら合図する

5

味方が相手の裏をとることに成功しているので出す

6

相手 DF 二人の間を通すパスを出す

ディフェンダーの目線や重心を見て目線や体の向きを上手く使って、コースを読まれないようにしよう

難易度	★★★★☆	
1回目	2回目	3回目
／	／	／

（※実行した日付を入れよう！）

上達の極意

一見するとパスコースがないように見える。しかし、パスコースは自分で作れるものだと思って、目線や身体の向きで対面している相手の逆を取り、味方の動き出しに合わせてパスを出してみる。

相手の逆を突いてパスを出す

そもそもパスコースは、最初からあるものではなくて、自分で作るものだと僕は思っている。ディフェンスの選手は、ボールホルダー（ボールを持っている選手）の目線やカラダの向きなど、さまざまな情報を得ようとする。

じゃあ、それを逆手にとってパスを出してみればいい。右側に出すと見せかけて、タイミングをずらしてから、左側に出してみる。そうやってパスコースを作り出してしまうんだ。

最初は難しいかもしれないけど、慣れてくれば出せるようになるはずだ。

ここに気をつけよう！

対面している相手はボール奪取を狙っている。距離を詰められないようにコントロールしよう

味方の動きの方向をしっかり見ないと、パスは通らないぞ

トレーニングメニュー❷

メニュー▶▶▶トライアングル

目的 角度のついたパスの「止める」、「蹴る」を行う

対面パスの練習に慣れてきたら、次は一人を増やした状態にして、3人1組で三角形を作ってパス回しをやってみましょう。対面パスでの「止める」、「蹴る」に比べると、お互いに正面を向いているのではなく、角度をつけたパスが多くなります。静止した状態から、動きをつけた「止める」、「蹴る」の練習としても最適です。

練習方法

３人1組で三角形を形成。パス回しを開始。パスを受けたら、ボールを一度止めましょう。ボールを止めたら、体の向きを移動させて、次の人にパスを出します。同じ方向にパスを回していきます。慣れてきたら逆回りでやることで、逆足でトラップする練習にしましょう。

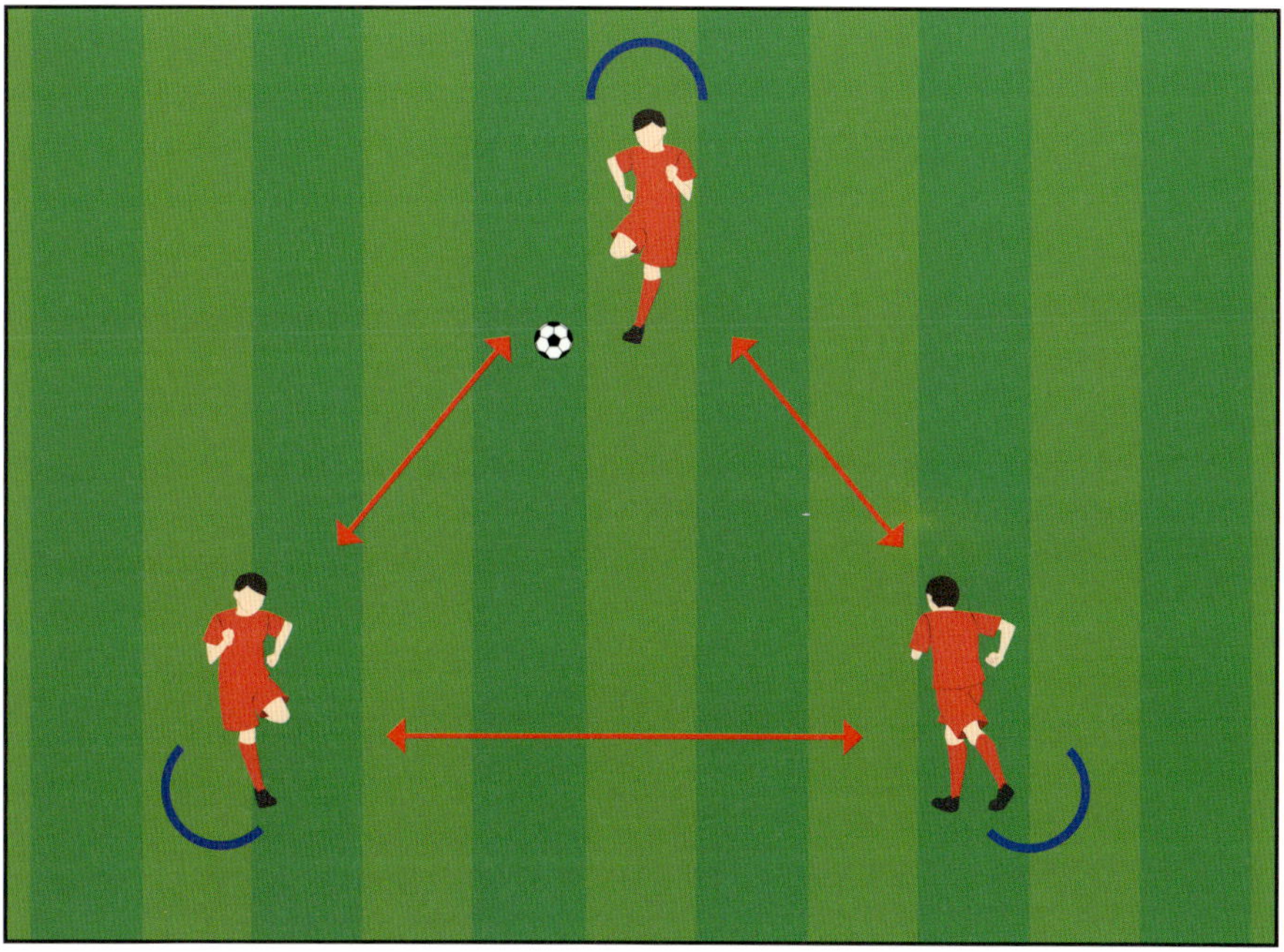

意識すべきポイント

❶ボールの置き場所は常に同じ所に置けるように意識しよう
❷カラダの向きを移動させてパスを出す
❸置き場所が悪いと、ボールタッチが増えてしまうので注意

ケンゴの上達アドバイス
ボールを置き場所に止めずに動かすと、時間がかかってしまうぞ！

（小学生～中高生中心）

サッカー少年・少女のための食事Q&A

回答：（株）明治

Q. 試合当日の食事や、試合前や練習前に摂っておくべき食事、オススメのメニューはありますか。

A. 試合前には、高炭水化物（糖質）、高ビタミンのメニューがオススメです。『栄養フルコース型』の食事でいうと、①主食と④果物が多めの食事です。試合当日の朝食であれば、ジャムやハチミツをたっぷり塗ったパンとシリアルにオレンジやキウイフルーツなどがオススメです。一方で、豚カツや唐揚げなどの揚げ物、ハンバーグやクリーム系のパスタなど脂質が多くこってりとしたものは、胃腸に負担をかけてしまうためオススメできません。また、生ものや普段食べ慣れないものも試合前は避けた方が良いでしょう。

Q. 試合後や練習後に摂っておくべき食事、オススメのメニューはありますか。

A. 練習後、試合後は30分以内の栄養補給がリカバリーポイントです。摂って欲しい栄養素は、炭水化物（糖質）とたんぱく質です。練習後や試合後でも摂りやすい、あんぱんと牛乳、タマゴサンドやハムチーズサンド、鮭のおにぎりなどがオススメです。もちろん、水分補給も大切に。その際、炭酸飲料や甘いジュースではなく、汗で失われるミネラルも補給できるスポーツドリンクがオススメです。

第3章

駆け引きを身につけよう

「止める」と「蹴る」を
しっかりと練習しても、
試合で相手にぶつかられたら、
倒されてボールを失ってしまう。

フィジカルの差で悔しい思いをして悩んでいる子は多いと思う。人によって体格は違うし、体格による有利・不利はどうしてもある。僕自身も、少年時代から高校2年生までは身体がとても小さかった。フィジカルコンタクトにもずいぶんと悩んできた選手だから、その気持ちはよくわかる。

じゃあ、線が細かったり、身長が低い選手は活躍できないのかというと、そんなことはないんだ。世界のサッカーの歴史を見ていても、メッシだったり、マラドーナだったり、むしろ大柄じゃなくても活躍している選手はたくさんいる。

大柄な選手に、小柄な選手が勝つためには何をすれば良いのか。大事なのは「発想」を変えることだと思っている。自分の頭の中にある考え方を変えてプレーしてみるんだ。

どういうことか。

例えば、ボールを受けようとしても、大柄な選手にガツーンとぶつかられて吹き飛ばされてしまうとする。そこで「当たり負けしないように身体を強くするんだ」と考えることと同時に、「ぶつからないでプレーしちゃえばいい」という発想でプレーしてみるんだ。

少年時代、小柄だった僕にとって重要だったのは、相手に当たられながらプレーすることではなく、相手に当たられないでプレーすることで、この「相手に接触されないでプレーする」という考えは、今の自分のスタイルの原点にもなっているんだ。

それに、サッカーは駆け引きのスポーツだ。

ボールを取りにきた相手の動きの逆を突いたり、相手の視野から外れたりすることができれば、身体が大きくなかったり、身体能力が高くない選手でも効果的に相手を攻略することができるんだ。

この章ではその局面での「駆け引き」の部分を伝えていきたいと思う。ただ断っておくけれど、駆け引きを使いこなすためには「止めること」と「蹴ること」の技術がしっかりとしていないといけない。サッカーではよく「アイディアを出そう」と言われるけど、アイディアや発想というのは、しっかりとした技術があって出てくるものだと思うからだ。足し算や引き算ができないのに方程式は解けないのと同じで、そこを間違えてはいけない。

とても奥が深いけれど、基本技術がしっかりしていれば、狭いスペースだったり、大柄な相手がいても、うまく局面を打開できるようになるはずだ。

STEP 01 ▶▶▶ 逆を突く

❶相手の動きを見よう

相手にぶつかられないようにボールを持つコツは、「相手の動き」を見ることだ。相手が見えたときは距離を作って、ボールをもらう前に相手を観察しよう。

ボールを受ける前に対面相手の距離と動作を観察

ボールを取られない距離でボールを受ける

DF はトラップのときに次のプレーを予測してくる

相手 DF の狙いは、縦のパスコースを塞いでいる

ボールを奪いには来ないと判断したら、切り返す

パスカットを狙っていた相手をうまく切り返して味方にパス

正確なトラップができれば、相手を観察する時間も増えるぞ！

難易度	★★★☆☆	
1回目	2回目	3回目
／	／	／

（※実行した日付を入れよう！）

上達の極意

相手との距離があるときは冷静に。慌てずに、ボールをキープしながら味方の動きを確認して、次のプレーを選択して欲しい。ただモタモタしていると、相手に距離を縮められてしまうこともあるから注意だ。

相手は何を狙っているのか？

「相手の動きを見る」といっても、相手のどこを観察すれば良いのか悩む人もいるかもしれない。まず守備をする相手の動きは、大きく分けると、二つ。それは「パスコースを消す動き」と「ボールを取りにくる動き」だ。

自分の前にいる相手が、距離を保ちながらボールを取りに来ない場合は、前者のパスコースを消す動きであることの方が多い。

縦のパスコースを消すときは、自分の背後を使われないように相手との距離を取るのがセオリーだからだ。なので この場合はその動きを逆手にとって展開しよう。

ピンポイント解説

膝の向きや重心には、相手の守備の狙いのヒントがある

相手の膝の向きや重心には、相手が守備をするときに何を狙っているのかが隠されている。相手と近い間合いで対峙したときは、その逆を突くようにできれば簡単にはボールを失わなくなるはずだ。

距離感も重要だ。パスを受けるときに相手との距離を保っておけば、顔を上げてプレッシャーを感じずに余裕を持ってボールをコントロールできる。どのぐらい相手と離れていれば余裕を持てるのか。その感覚は練習から掴んでおこう。

STEP 01 ▶▶▶ 逆を突く

②ツータッチ目で相手をはがそう

「パスコースを消しにきたパターン」ではなく、「ボールを取りにきたパターン」の対処方だ。これも「相手の動き」をよく見てみよう。

1

相手がボールを奪いにきた

2

右側に出すフリをして相手の重心を左にする

3

重心とは逆にボールを動かす

4

逆を突かれた相手はついてこれない

5

勢いを利用してマークをはがす

6

ツータッチ目で逆をとることに成功

相手が奪いにきたら チャンスだと思おう

難易度	★★★☆☆	
1回目	2回目	3回目
／	／	／

（※実行した日付を入れよう！）

上達の極意

ボールを止めたときを狙って相手がボールを奪いにきたら、重心を見てその逆の向きにボールを運ぼう。このときに、ボールコントロールは相手が届かない位置に置くのが重要だ。そこで相手がいない方向はどこか、そして重心の逆を突く意識を持つのがポイントだ。

ツータッチ目で相手を外す

相手がボールを奪いにきた時というのは、チャンスだと思ったほうがいい。

なぜなら、その勢いを利用すれば、ツータッチ目で相手のプレッシャーを外すことができるからだ。

プレッシャーを外すことができれば、フリーの状態でプレーできる。

相手がボールを奪いにきたと感じたら、ツータッチ目でボールを相手のいないほうや、重心とは逆に位置に運んでかわしてみよう。

ピンポイント解説

ツータッチ目で相手を剥がす秘訣は、ズバリ、ボールを置くトラップの位置にある。

相手が奪いにきたら、相手の足が届かない場所はどこなのか。そこから逆算して位置取りをして、ボールの置く場所を決めてみる。ただし相手が動いていないのに、無理に逆を突こうとしても相手についてこられてしまい、ボールロストしてしまう可能性もあるので注意したい。

STEP 01 ▶▶▶ 逆を突く

③速いプレスを外そう

速いプレスに潰されてしまった経験は誰しもあるかもしれない。でも、そういうときこそ「チャンス」だという発想を持ってプレーして欲しい。

こちらの動きに相手がプレスをかけてきた

ボールコントロールできているので逆を突く

焦らずに左に方向転換

勢いのついた相手は止まれない

逆を突くことができた

かいくぐることに成功

相手の背中を突くようなイメージだ

難易度	★★★★☆	
1回目	2回目	3回目
／	／	／

（※実行した日付を入れよう！）

上達の極意

強い勢いでボールを奪いにきたら、重心の傾きを利用して入れ替わろう。そのためには、慌てずに相手の動きを見ること。そして重心の傾きと逆の方向を意識する。もちろん、トラップの正確性は必要だ。

速いプレスはかいくぐれる

プレスが速いというのは、相手のスピードが上がっているということだ。強い勢いでボールを奪いにこられたりすると焦って、コントロールもミスしがちだ。

でも相手が勢いを持ってボールを取りにきたら、逆にチャンスだと思おう。体の角度を工夫することで、相手の重心の逆の方向にボールを運んでしまえばいいんだ。加速すると人は急に止まれないから、うまくいけば面白いようにプレスをかいくぐることもできるようになる。まずは、相手の動きを見ながらファーストタッチでボールを相手のいないほうに運ぶ練習を何度もやって欲しい。

ここに気をつけよう！

焦ってトラップが大きくなると、コントロールも乱れるので注意

相手のプレッシャーの方向を見極めないと、奪われるぞ

STEP 02 ▶▶▶ 相手にぶつかられない

①パスコースを作る動き直し

相手が近い距離にいるときや、自分のポジショニングが悪いときに味方からパスが来てしまった場面はどうすれば良いのだろうか。そんなときは、無理をせずにパスを返して、動き直しをしよう。

味方からパスが来たが、相手が狙っている

距離を詰められている

無理して受けず、ダイレクトでリターン

戻して、いったんプレスを回避

バックステップで下がり、パスコースを作る準備

パスコースを確保。再びパスをもらい直そう

大切なのは、ボールを失わないこと！

難易度	★★★☆☆	
1回目	2回目	3回目
／	／	／

（※実行した日付を入れよう！）

上達の極意

うまく間合いを詰められたと思ったら、無理をせずそのまま味方にパスを返して、下がって、もらい直す動きをしよう。もし相手に近い距離でマークされていたとしても、1歩か2歩だけ下がることで、ある程度、マーカーとは距離ができるはずだ。

無理せず、パスをもらい直す動作

プレッシャーをかけられることでコントロールが乱れ、ボールロストしやすいため、トラップする瞬間は、対戦相手も奪いどきだ。

一番良くないのが、無理にトラップをして、結局ボールロストしてしまうこと。危ないと思ったら、うまく逃げてもらい直しをするのも立派な駆け引きだ。

ポイントは、再度パスを受ける前に、1歩、2歩のポジション移動をしてみること。そうすれば、もう一度もらい直した時に、時間と距離がかせげるので、その間にプレーの選択肢が増えるはずだ。

ここに気をつけよう！

無理に運ぼうとしてボールロストしてしまっては危険だ

対面の相手をかわしても、次の選手が網を張ってる場面も

STEP 02 ▶▶▶ 相手にぶつかられない

②相手の逆を取る動き直し

これは〈❶：パスコースを作る動き直し〉の応用。ディフェンスが自分について下がってきたら、次の瞬間に裏のスペースに抜けて、ボールを受けよう。

❶

ボールを受けに下がる動きで相手を引きつける

❷

相手がその動きに引きつけられて前にでてきたらそれが合図だ

❸

相手の背後を取る動きをしよう

❹

背中から回り込むことに成功

❺

逆を突かれた相手は反応できず

❻

パスが通った！

出し手との呼吸が生命線。味方の特徴を生かそう

難易度	★★★★☆	
1回目	2回目	3回目
／	／	／

（※実行した日付を入れよう！）

上達の極意

ボールを受けに下がる動きなど、アクションを起こしてディフェンダーの注意を引きつけるのも駆け引きのポイント。食いついてきたら、それによってできた裏のスペースに方向転換してパスを出してもらう。出し手が裏を見ているかどうかも重要。

出し手の呼吸に合わせる

味方からパスを受けるときに、相手と行っている駆け引きが重要になる。

僕はずっと中盤の選手としてやってきて、たくさんのFWとプレーしてきた。素晴らしい動き出しをする選手がいても、出す側がそれを見ていなければパスは出せないこともよくわかっている。この写真では受け手の自分がボールを受けに下がっていく動きをすることで、相手のディフェンダーを引きつけていることがわかるはず。

出し手のタイミングを見逃さずにパスを出してもらう駆け引きをしよう。

ピンポイント解説

ボールを受けに下がって受けるフリするのも、逆を取るための駆け引きだ。

相手の逆を取ってフリーに。正確なトラップで抜け出すまでがセットだ。

STEP03 ▶▶▶ 周りを生かす

①周りを使って前向きでボールを受ける

周りを使ってポジショニングで相手を引きつけ、前向きにボールを受けてゴールを演出する駆け引きだ。

①

ボールを引き出したいが、相手にマークされている

②

ならば味方にクサビを受けてもらおう

③

クサビが入った瞬間に動き出し開始

④

ボールが動いている間に味方からボールを受ける準備

⑤

点線の場所で受けるイメージで動き出す

⑥

味方からパスを引き出そう。前向きでボールを受けられた

ときにはボールを触らないで攻撃のチャンスを作っていこう

難易度	★★★★★	
1回目	2回目	3回目
／	／	／

（※実行した日付を入れよう！）

上達の極意

自分がボールを受けに下がっていく動きをすることで、相手のディフェンダーを引きつけていき、そうやって攻撃を展開していく。ボールを受けなくても仕事はできるんだ。自らがオトリになることで、味方のチャンスにつなげていき、チーム全体を動かしていければ上級者だ。

囮になる動きを身につける

自分のマークが厳しいならば、それを逆手にとって周りを使ってボールを引きだそう。

ディフェンスをうまく引きつけたことで味方が空き、その味方にボールが入ることで次は自分が前向きでボールを受けることができる。

自分がボールをもらえそうなときだけじゃなくて、ボールを受けられそうにないときでも周りを見ておくことで、周りをどう活かせばいいのかイメージしよう。うまく囮になることでチャンスを演出してみよう。

ピンポイント解説

左にいる味方とは逆の方向に動いて相手を動かす。これも囮になるコツだ

ここに気をつけよう！

囮になっていたはずが味方からパスが来てしまった。相手のマークも厳しい状態なので、無理せずにパスを戻そう

トレーニングメニュー③

メニュー
3対1

目的
相手の動きを見ながら、少ないタッチで逆を突く

ボールを持っているとき、相手の逆を取る動きをしたり、空いているコースにボールを運ぶには、やはりファーストタッチが重要になります。慣れていないとプレッシャーを感じてしまうかもしれません。

攻撃側が空いたスペースを見つけやすくなります。ボールを奪われにくい数的優位な状況でやってみましょう。

練習方法

人数は３対１。ディフェンス側は、縦か横のどちらからのコースを切りながら、ボール保持者にプレッシャーをかけます。ボール保持者は、どこにボールを運ぶのか、どちらの味方にパスを出すのかを選択。左右の味方はボール保持者の選択肢を消さないようにサポートします。

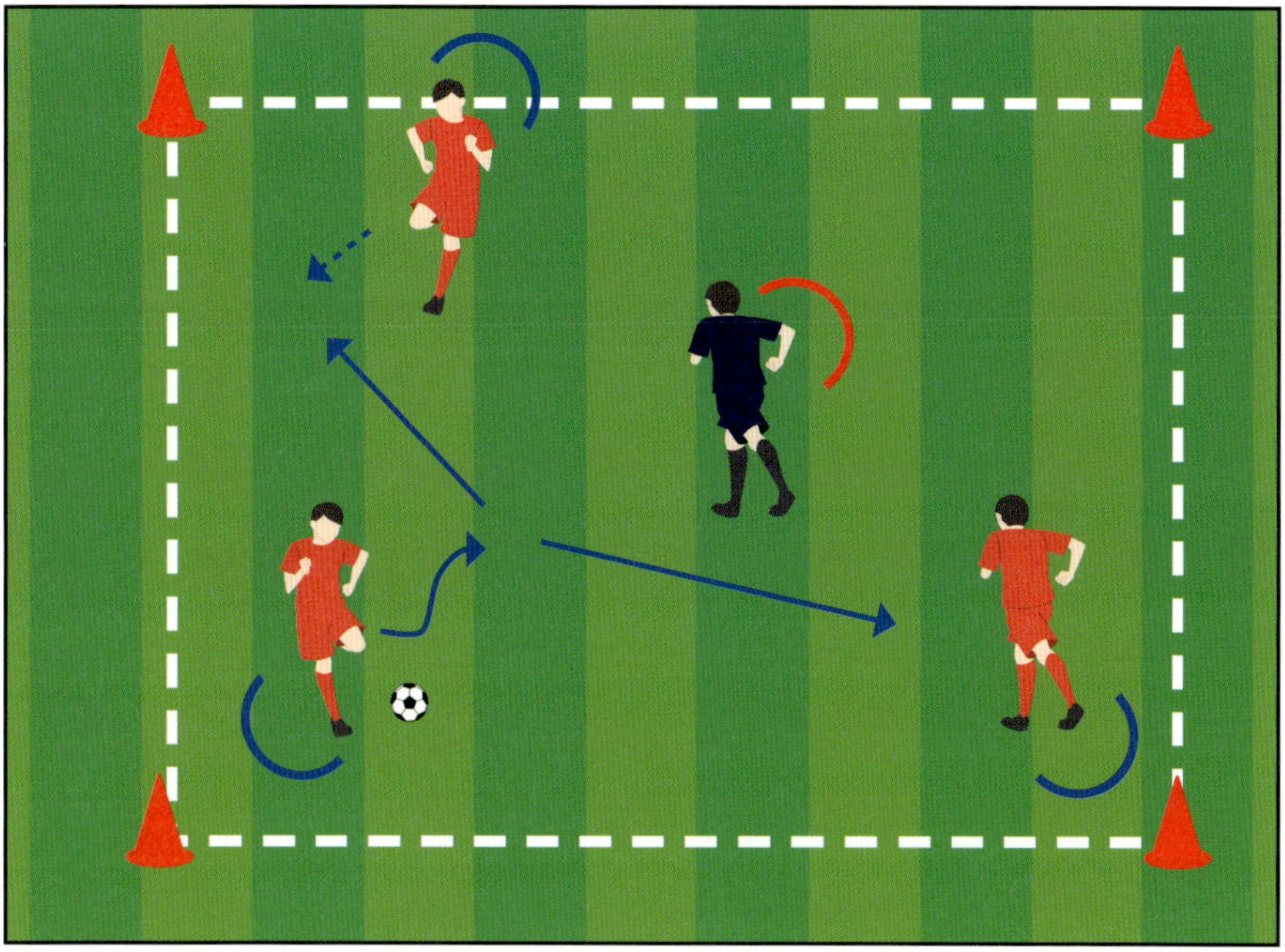

意識すべきポイント

❶縦か横か。ディフェンスの狙いを観察
❷消されたコースから、空いているスペースを判断
❸サポートする側はスペースメークを意識する

ケンゴの上達アドバイス　**ファーストタッチが重要！ディフェンス側を見ながら、次のプレーの準備をしよう。**

（小学生〜中高生中心）

サッカー少年・少女のための食事Q&A

回答：（株）明治

Q. 育ち盛りの小学生や中高生でも、サプリメントやプロテインなどを日常的にとるべきでしょうか。あるいは何歳ぐらいから摂るようにすべきでしょうか。

A. 基本は日々の食事です。3食、あるいは補食も加えてきちんと必要な栄養をバランスよく、しっかり食べられたなら日常的にサプリメントを使う必要ありません。また、同じ年齢・性別でも成長の度合いは異なり、身長や体重に個人差があるため、いくつになったらサプリメントを摂って良いという目安を設けるのは非常に難しいですが、食が細く一度にたくさん食べられない選手がプロテインを活用したり、練習や試合直後の栄養補給におにぎりやサンドイッチを準備するのが難しい場合にゼリー飲料を活用したり、目的を持って適したサプリメントを活用するのは良いと思います。

Q. サッカー少年・少女に向けた食事面でのアドバイスをお願いします

A. 皆さんは、サッカーが上手になりたい！ライバルのあのチームに勝ちたい！など様々な目標を持って練習に取り組まれていると思います。その練習を支えているのは、皆さん自身のカラダです。そして、カラダは食べる事と休む事（眠ること）で作られます。憲剛選手のようなサッカー選手を目指して、練習を頑張るためには、食べる事・休む事（眠る事）にもしっかり取り組むことが大切です。そうして手に入れた強いカラダなら練習で繰り返し技を磨くことができ、皆さんが目標としているプレイの実現につながるのです。

第4章

ゲームメイク術と俯瞰的視野の習得

俯瞰的視野と
ゲームメイク

僕は試合中にゲームメーカーとして、トップ下やボランチといった中盤中央のポジションで、攻撃と守備の両方に関わる仕事をし、ピッチ全体を見ながら、試合の流れを読んでプレーをしている。

自分自身が川崎フロンターレでゲームメーカーとしての役割を担うようになったのは、ボランチのポジションをするようになったのがきっかけだ。

大学時代はトップ下の選手だったけど、プロ2年目の2004年シーズン前、宮崎キャンプ中に関塚隆監督から「ボランチをやってみないか」と言われたのが、転向の始まりだった。今思い返しても、自分のサッカー人生にとって大きなターニングポイントになったと思っている。現在は大島僚太やエドゥアルド・ネットがいるのでゲームをコントロールする割合は減ったけど、試合展開によっては、自分がボランチやサイドの深い位置まで降りることもある。ボールがうまく回るような立ち回りをすることで試合の流れが良くなることもあるからだ。

そのため、まわりからは「ピッチを上から見てプレーしているみたいですね」と言われることもある。いわゆる"俯瞰的視野"と言われているもので、試合中にピッチ全体を上空から把握しているかのようにプレーしているように見えるから、そう言われているようだ。

でも実際は、上空から見てる視野では当然ながらない。自分の目の高さは変わらないし、もし後ろも含めた360度見えながらプレーしていて、常に上空から見えている人間がいたら、それはすごいことだ（笑）。

じゃあ、何を意識してプレーすれば良いのか。

この章では、「KENGO Academy～サッカーがうまくなる45のアイディア～」のDVD映像を元に、試合中の僕の視点やゲームメークのポイントを解説している。

いわば僕の「秘訣」が詰まっている内容だ。ただこれまで教えてきた項目に比べると、グッと難易度はレベルアップして、より実践的になっていると思う。だから「今の自分には、少し難しいな」と感じたら、無理にトライする必要はない。それならば、これまでの「止める」や「蹴る」の章に戻って、それを何度も反復して欲しい。決して焦る必要はないんだ。

さらに上達するヒントが欲しい人は、この章のメニューにぜひ挑戦してみて欲しい。

STEP01 ▶▶▶俯瞰的視野を身につける

①ボールを受ける前に、素早く首を振ろう

僕はよく「試合中にどこを見てプレーしているんですか」と聞かれることがある。試合中、ボールを持っていないときに僕はキョロキョロと首を振っていることが多いので、サッカーに詳しくない人から見たら、「一体、どこを見ているんだろう?」と思うかもしれない。

首を振っているのには、いくつかの理由があるけど、そのひとつは自分がボールを奪われないため。

どんなに優れた選手であっても、いつも自分の後ろを見ることはできない。味方からパスをもらうとき、首を振らなければ、背後からボールを奪いに来ている相手がわからずに、ボールロストしてしまうかもしれない。自分の背後の状況を確認するには、首を振って確認することが大切。ボールを奪われるのが嫌だったら、自然と首を振るようになるはずだ。

ボールをトラップする瞬間は、相手に狙われやすく、ボールロストもしやすい場面だ。相手が来ていないかどうか。首を振るときは、まずはそれを意識しよう。

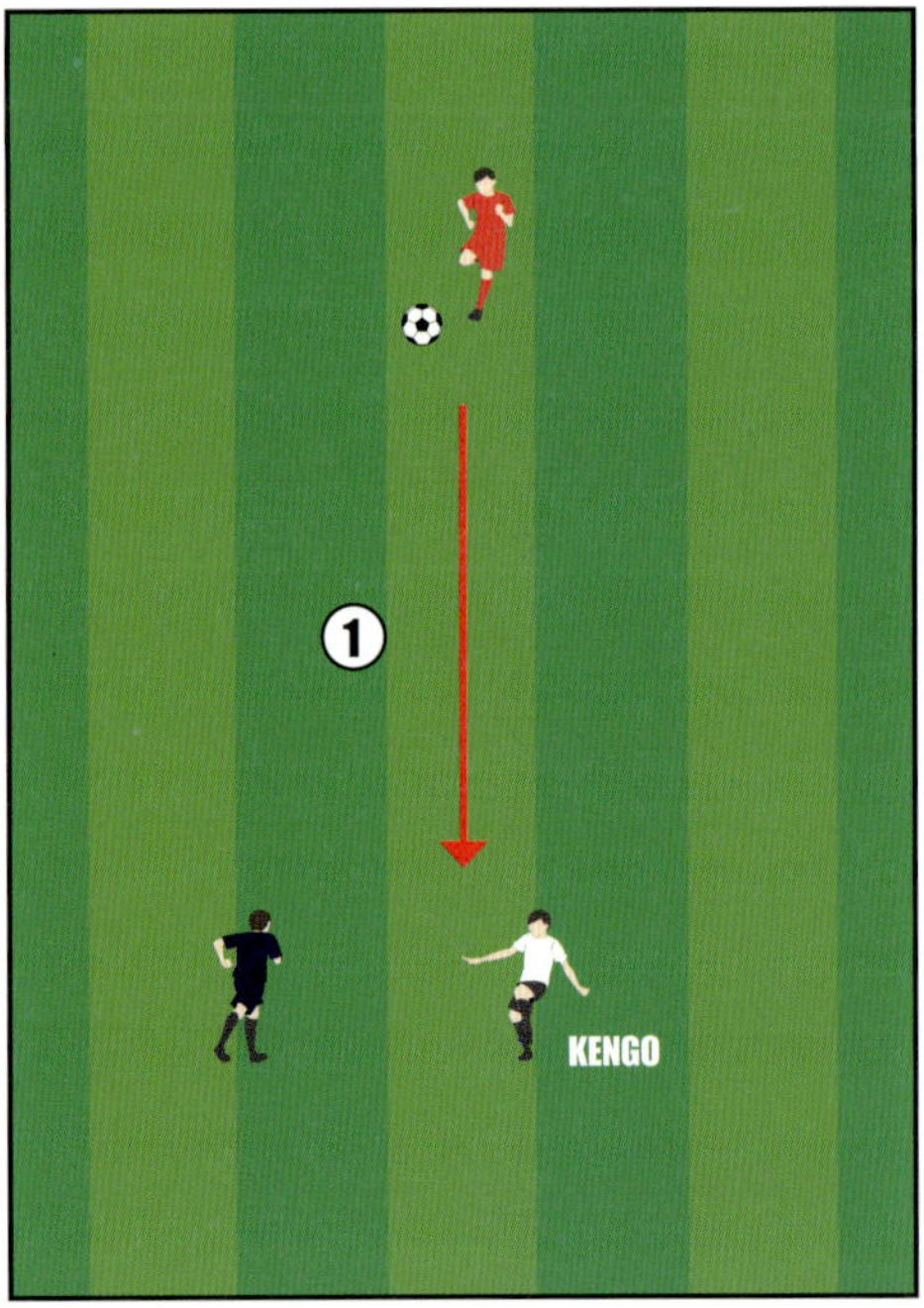

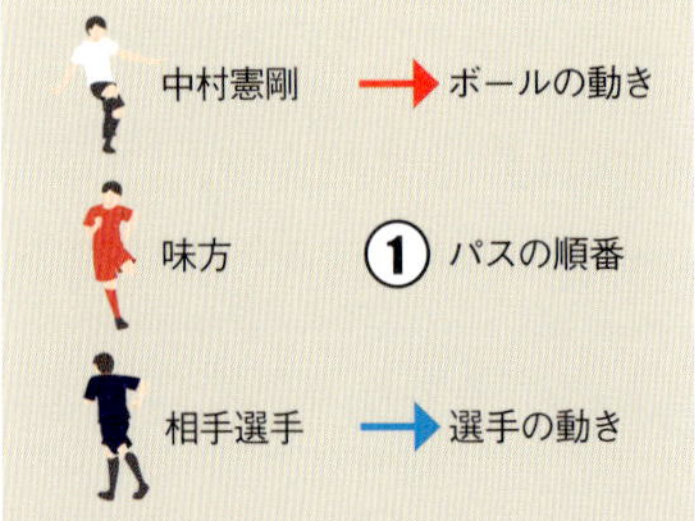

チェックポイント❶

ボールホルダーの動きを視野に入れる

味方がパスを出そうとしていることを確認。ボールをトラップする準備をしよう。

チェックポイント❷

パスが出る前に、相手の位置を把握する

試合中にゆっくりと首を振っている時間はない。ディフェンスの選手がどこに立っているのかを素早く把握して、イメージとして残しておくことがポイントだ。

チェックポイント❸

ボールスピードとコースを見極める

味方からパスが出てきた。ボールの速さや軌道から正確にトラップできる位置に移動する。

チェックポイント❹

ボールの移動中に距離を把握する

パスを受けるまで何度も首を振る必要はない。最初に見たときの位置から、ボールの移動中にどこまで距離を詰めてくるか予測することが大事になる。

赤＝味方、紺＝敵

②プレーの選択肢を瞬時に変えてみよう

よく「首を振ることが大事」と言われたからといって、必要以上に首をブンブン振ってしまう子がいる。わかって欲しいのは、首を振ることが目的ではないということ。

首を振りすぎたせいで、足元にきたボールに気づかず相手に取られてしまったら意味がないからね(笑)。

心がけて欲しいのは、首を振ることで自分の周りにどの距離に誰がどれだけいるか。そこを瞬時に見極めること。実際にトラップするときには、近くに来るボールの位置を眼で捉えながら、同時に周囲も何となく捉えているような感覚だ。この眼の使い方は間接視野と言われていて、それも意識して欲しいんだ。

サッカーでは、ボールをトラップする瞬間を狙って奪いに来る選手はたくさんいる。では、その時にどうすればいいか。それを解説していこう。

1-1とは違い、相手がボールを奪いに距離を詰めてきているときはどうするか。無理にボールをトラップせずに、味方にパスを返してしまう判断をするのもひとつだ。ボールを動かしている間に動き直しをしながら、ボールを奪いにきた相手との距離を取り直そう。

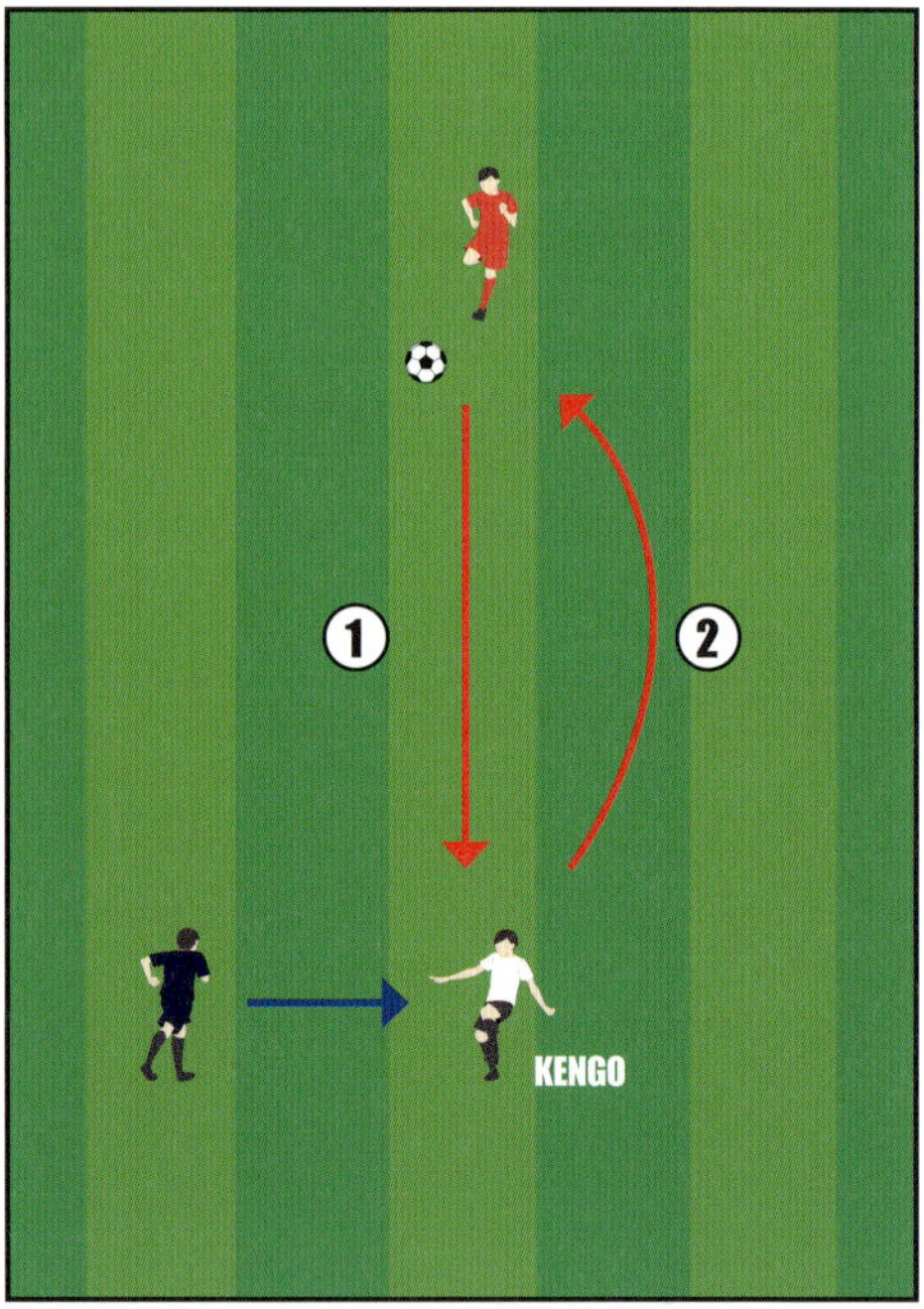

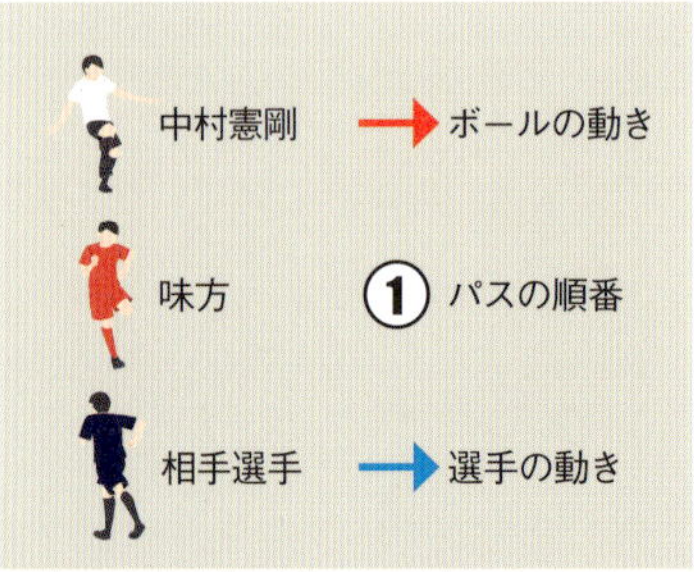

チェックポイント❶

パスが出る前に、相手の位置を把握

首を振ったときに、ディフェンスがどのくらいの「大きさ」で見えるのかを目安にする。大きく見えたときは接近しているということ。トラップに自信がないときは、無理をしないようにしない

チェックポイント❷

相手の距離が近いときは、無理せずに戻す

ボールの移動中はディフェンスがどこにいるのかは見えない。しかし、最初に首を振っておけば立ち位置の予測が立てられる。味方にパスを返した後は、首を振るチャンス。ここでディフェンスの位置や、目線などをチェックしてから、次のポジションに移動しよう。

赤＝味方、紺＝敵

チェックポイント❸

ボールを戻したら、再び動き直しをして受け直す

ディフェンスとの距離が近いときは強引に前を向くのは危険だ。味方とパス交換をして、相手を視野に収めながらボールを受けられる角度を作ろう。

column

　パスを受ける直前に行っている首振りは、遠くを見るための首振りとは違う。相手が近くに居ることを想定しているし、自分にボールが来るタイミングで、より素早く行っていることが多いんだ。フリーになる為には、まず自分の周りに、どの距離で誰がどれだけいるか、そこを瞬時に見なくてはいけない。駆け引きのひとつとしてボールをトラップする前に、首を振って「わかっているぞ」という感じで相手を見ておくと、奪いにくる相手も少し躊躇する。ボールを取りにくる相手へのプレッシャーにもなるんだ。

③味方の動き出しを見極めよう

首を振ることの目的のひとつは、ボールを奪われないために敵を確認すること。そして首を振りながら、それ以外の状況も瞬時に把握するようにすることだ。

サッカーにおいて、最優先の目的はゴールを奪うことだ。だから遠くのエリアを見ておくことを意識しないといけない。自分がどんなプレーをすべきかの判断は、ゴールから逆算して決まってくるとも言える。

例えば、首を振って味方のFWを見たら、背後を狙って動き出しの駆け引きをしているかもしれない。だったら、味方の動き出しを見逃さないようにして、さらに次はどうなるか、その一秒後のイメージを予測してみること。ボールが来る前に、次はこうなるだろうと自分なりの未来の予測をしておくんだ。これを意識してみよう。

前線の選手が、マークしているDFと駆け引きをしながら、背後を狙っている。味方の素早い動きを、どうやって見るか。

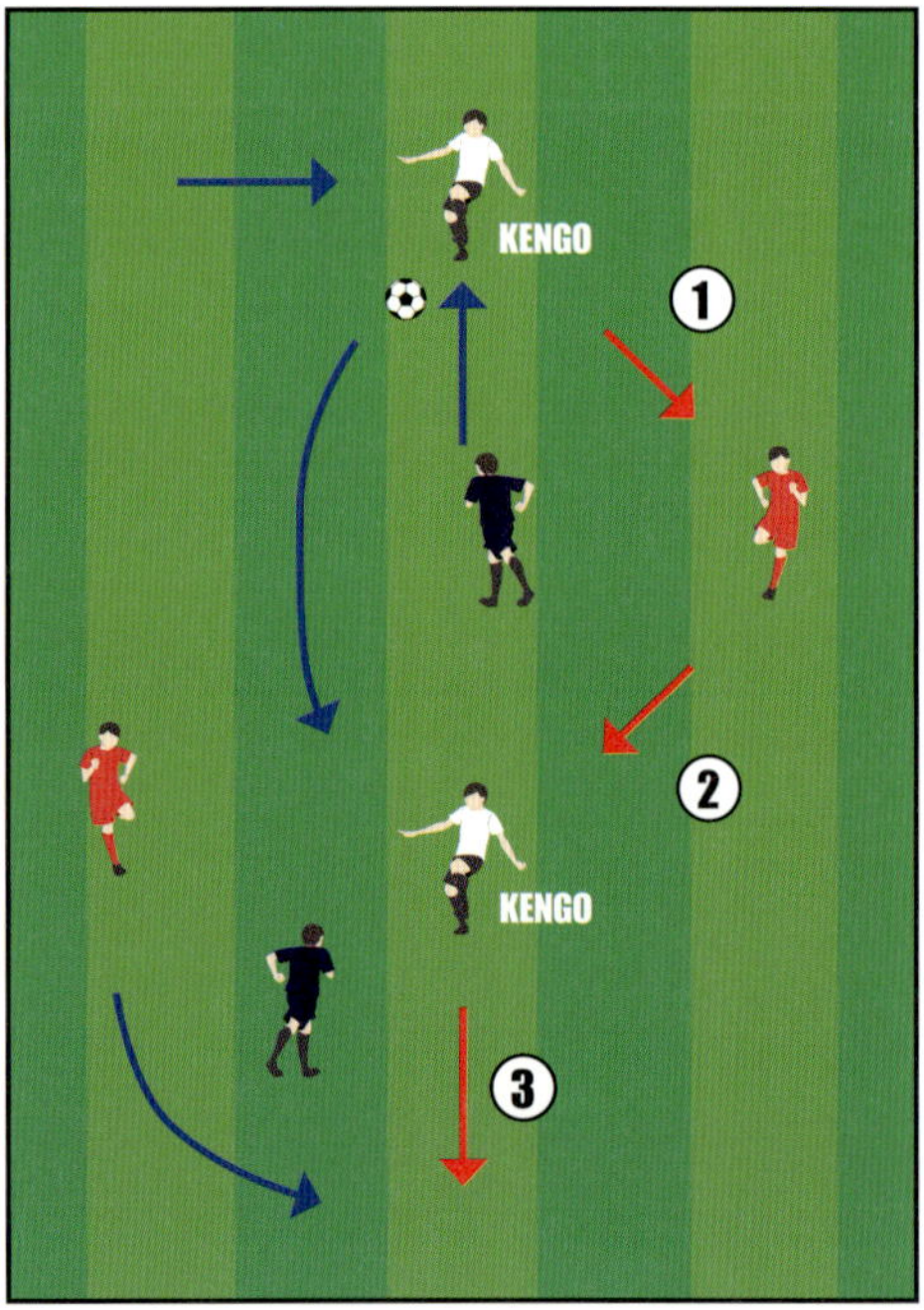

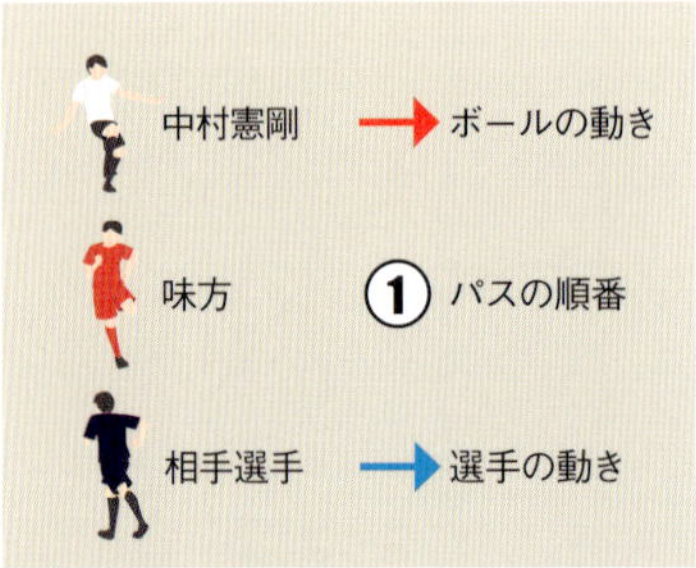

チェックポイント❶

まわりの状況を把握

対面相手のマークをどうやってはがすか。そして背後を狙っている味方をどう生かすか。周囲の状況を把握しながら、ボールを受ける前に、自分なりのイメージを描こう。

チェックポイント❷

予測に基づいたプレーを実行

予測だからイメージを持っているだけでも十分だ。1秒後、その通りの状況になることもあるし、その通りにならないこともある。それを意識しながらプレーするだけでも、ボールを持ってから行き当たりばったりでプレーすることは随分となくなるはずだ。この場合は左にいる味方を使って、ワンツーで抜け出すことができた。

チェックポイント❸

駆け引きしているFWから、次の動き出しを予測する

顔を上げた瞬間、FWは後ろに数歩下がりDFの視野から外れて、マークを外そうとする。FWが最終的にどこに動くのかをギリギリまで見てからパスを出そう。

チェックポイント❹

どこに動くのかを最後まで見極める

ボールを受けるまではイメージ通りでも、受けるときのトラップにもたつくことで、1秒後には状況が変わってしまうこともある。ファーストタッチで良い位置にボールを置けば、顔が上がっている時間が自然と長くなる。やはりトラップは重要だ。

赤＝味方、紺＝敵

STEP 01 ▶▶▶ 俯瞰的視野を身につける

④サイドチェンジを狙おう

逆サイドを見ずに展開したときや、裏のスペースに長いスルーパスを出したとき、「いつ、そんな遠くまで見ていたんですか」って驚かれることがある。でもこれは、ボールが来る前に首を振って遠くのエリアを見て、次のイメージを予測していたからできるプレーなんだ。

　僕はボールが来る前に、自分が見た場所の味方と敵の位置を見て、「1秒後にどうなっているのか」の未来の絵をイメージするようにしている。

　例えば右にいる味方から自分にボールがきそうだなと思ったときに、その前に逆側の左を見て展開するイメージを描いておけば、サイドチェンジしたときに大きなチャンスになるかもしれない。それも全て首を振って予測しておいたからこそ可能になるプレーだ。

　首を振って周囲を確認して、次はこうなるだろうと自分なりの予測をしてパスを出す習慣を身につけてみよう。

右サイドにいるAからパスをもらって、左サイドを上がってきた味方の選手Bにサイドチェンジを通してみよう。

攻撃

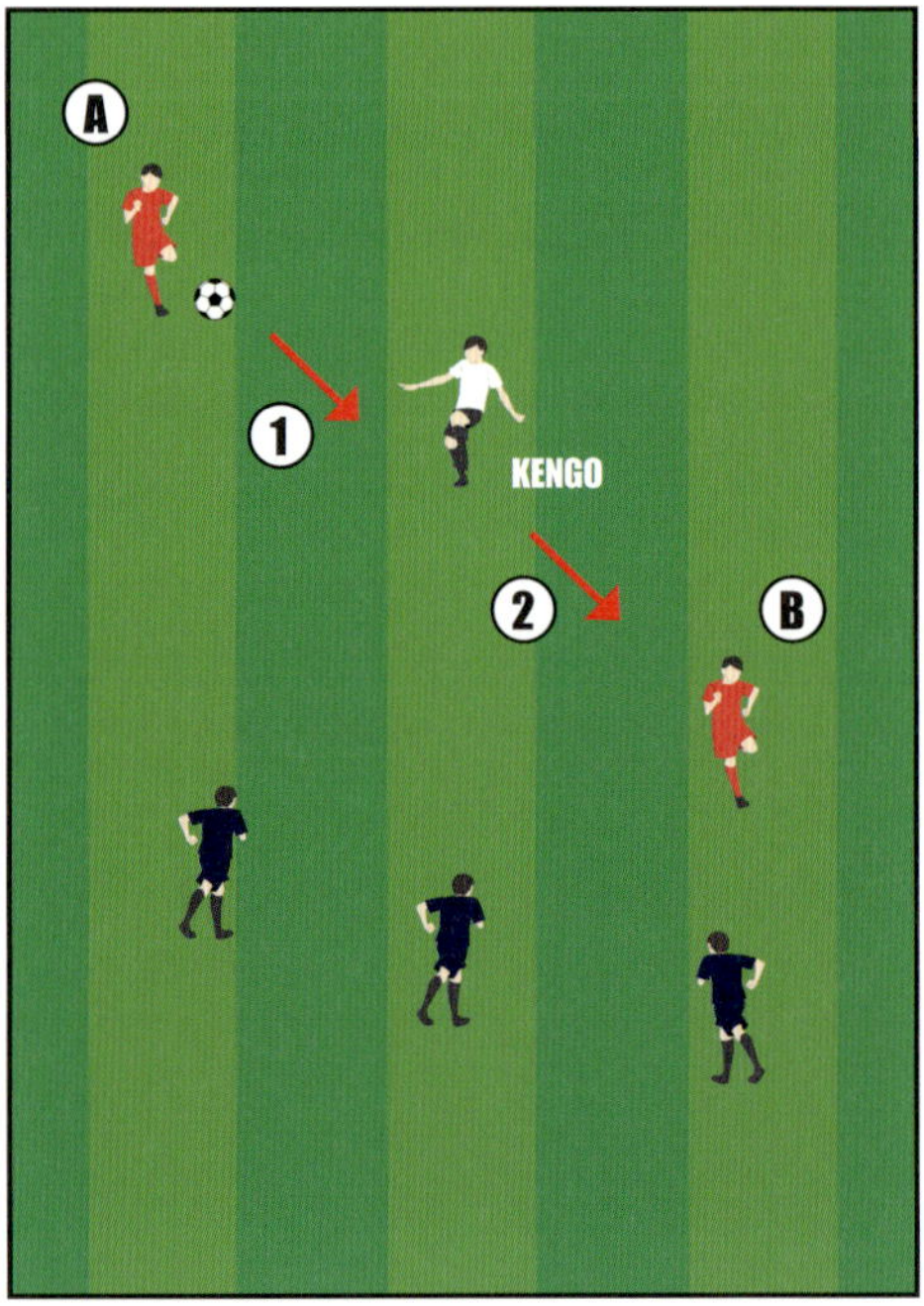

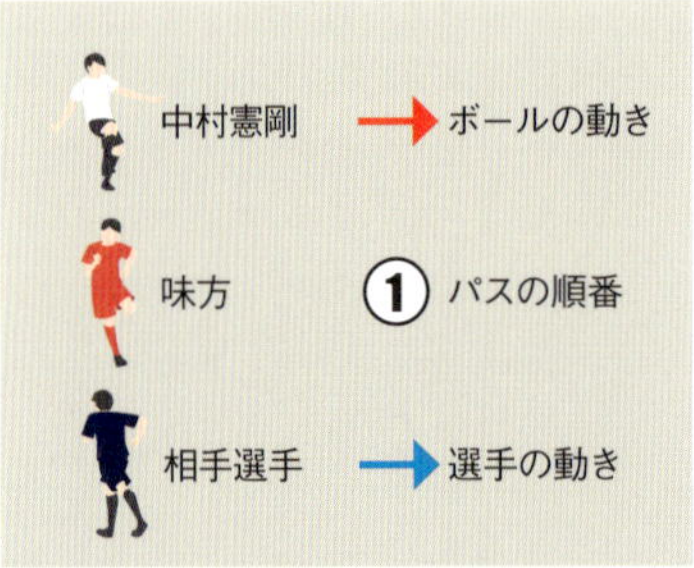

チェックポイント❶

味方からパスが来ることを予測する

右サイドでボールを持っている選手がパスを出そうとしています。

チェックポイント❷

相手の位置と逆サイドのスペースを確認する

サイドチェンジを想定して、パスが出る前に逆サイドにスペースがあるのかを首を振って確認。もちろん、相手の位置も把握する。

チェックポイント❸

味方の状況を確認して、逆サイドに展開

味方の動きや、相手のマークのつき方から、パスを出せる状態であるかを最終確認し「パスを受けられる」と判断したらサイドチェンジを行う。

赤＝味方　紺＝敵

column

味方がボールを持っている時間があるときの首振りでは､僕は常にどうやったら相手のゴールにパス一発で向かえるかを意識している。

それは、サッカーで一番大事なのは、相手のゴールを奪うことだからだ。守る相手の立場からしても、常にゴールを観ている選手が、実は一番怖いんだ。どんなに遠くからでもゴールに直結するプレーを考えている相手ほど嫌な選手はいないからね。

相手にそう思わせるようになるためにも、首を振りながら遠くを見る習慣をつけることが大事だ。

STEP02 ▶▶▶ ゲームメイク術を身につける

① DFラインの背後を突こう

サッカーの目的はゴールを奪うことだ。だからボールを持ったときに僕が最初に考える選択肢は、いつも相手ディフェンスラインの裏。それは昔から今もずっと変わらない。何度も言うように、ゴールを奪うことがサッカーでは最優先であることを忘れてはいけない。試合中はゴールから逆算したプレーを常に考えながらプレーして欲しい。これは大原則だ。

ただし守る相手も、裏のスペースは当然のように警戒している。パスを出せなかったときの引き出しも覚えておくべきだけど、まずは裏を狙うことを優先してみる。それがゴールへの最短距離だからだ。

Aから横パスを受ける。Bがクサビを受けに下がり、その瞬間にCが相手のDFの裏を狙う。そこに通せば決定機となる。

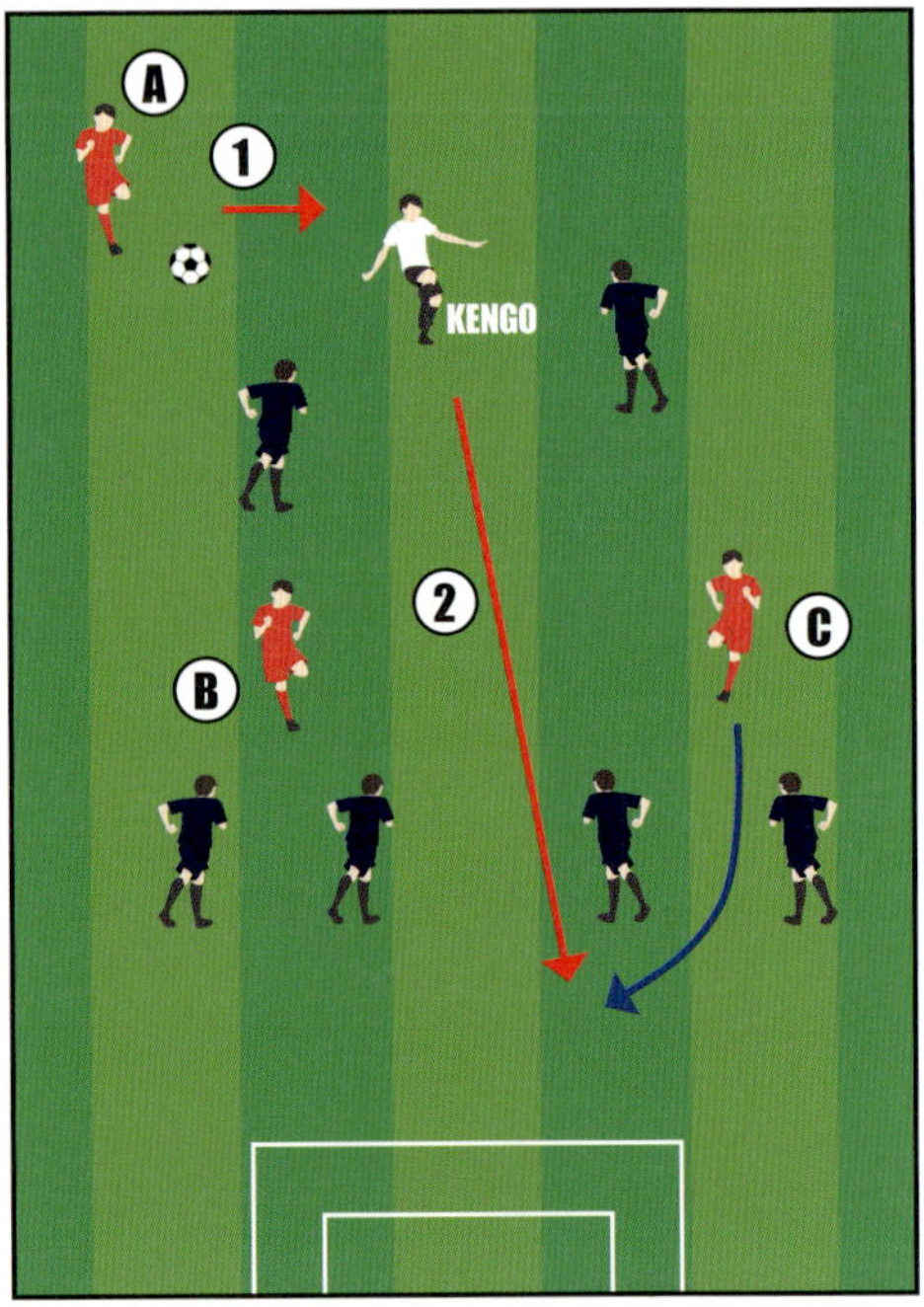

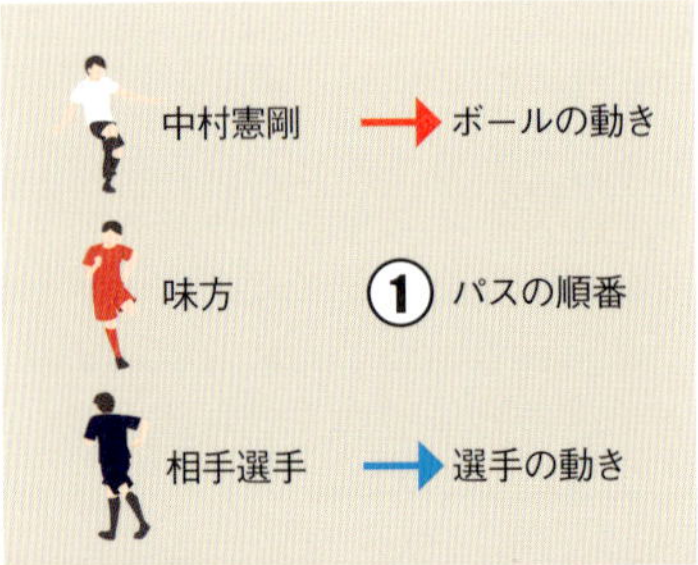

チェックポイント❶

裏のスペースが空いていることを確認

相手チームがDFラインを押し上げて、高い位置に設定しているので、DFとGKの間に大きなスペースが空いている。FWが同時に裏を狙うと相手についてこられるので、2人のうち1人はボールをもらいに下がってもう1人が裏のスペースを狙って動く。

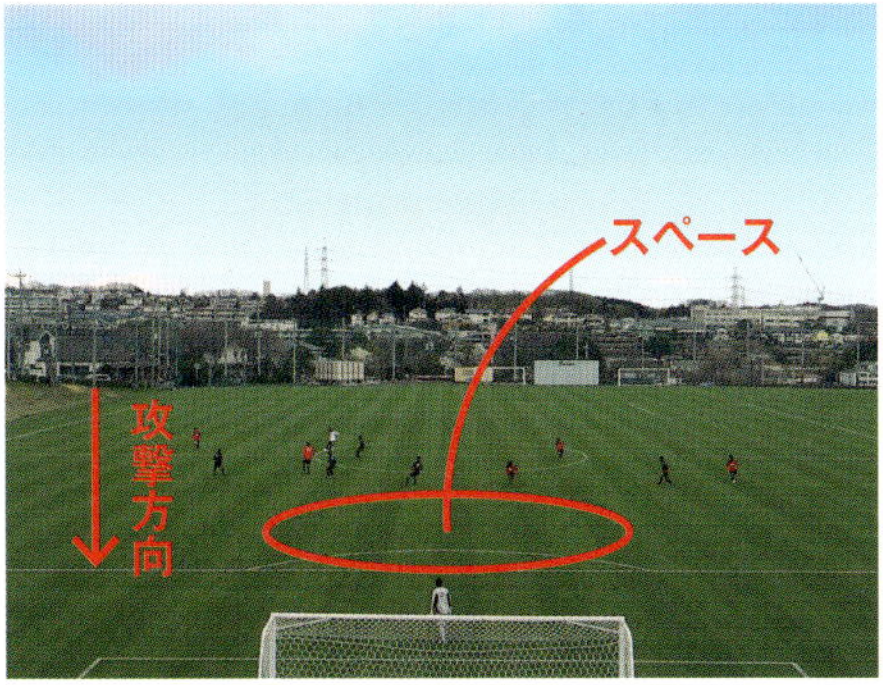

チェックポイント❷

DF ラインの背後に飛び出した選手にパスを狙う

FWをマークしているCBがボールウォッチャーになっていて、裏への飛び出しに気がついていない。そこを狙おう。

チェックポイント❸

背後を狙った浮き球のパスが味方に成功

浮き球のパスでは味方の足の速さやGKとの距離などを考えてボールの高さや距離を調整することが重要。近くのパスコースを探すだけでなく常に遠くを見ておくことがポイント。

白＝中村憲剛　赤＝味方　紺＝敵

column

どうやったら「1秒後の絵を予測する」ことができるようになるのか。実はこれにもコツがあるんだ。

まず首を振ったときに遠くのエリアを見る。その一瞬で、見た景色を目に焼き付けておくように意識してみるんだ。例えばパッと振り返って遠くの景色を記憶して、また戻る。そうすると、目に入るのは一瞬になる。コツは、パッと振り返ったときに見た景色を絵のままで捉えることを意識すること。練習の合間にやってもいいし、普段の生活でやってみてもいいので、習慣にしてみよう。

STEP02 ▶▶▶ ゲームメイク術を身につける

②パスを出した後の動き方を身につけよう

パスを味方に出した後、どこに動けばいいかわからない。そんなときに味方の選択肢を増やしてあげられるように動き方のバリエーションを幾つか持っておこう。

例えば味方のFWへのクサビのボールに敵のセンターバックが食いついてくれれば、その背後は空くので、そのスペースに味方を走らせればいい。もちろん、センターバックを食いつかせるパスを出しても、自分が裏にパスを出せる体勢じゃないと、味方も走らない。お互いのイメージを共有しておくことが必要だ。

相手の誰かが中盤の自分のところにボールを取りにきたら、どこかのエリアは必ず空くことになる。空く場所はどこか、普段から意識するようにする。自分のマークが厳しくなればなるほど、今度は味方へのマークは緩くなる。そのときは、どこを空けさせるのがいいのか。陣取りゲームのようなイメージで動いてみよう。

Aに対するクサビのボールに対して周囲の二人がケア。そのときに動き出すことで、うまくフリーになれる。

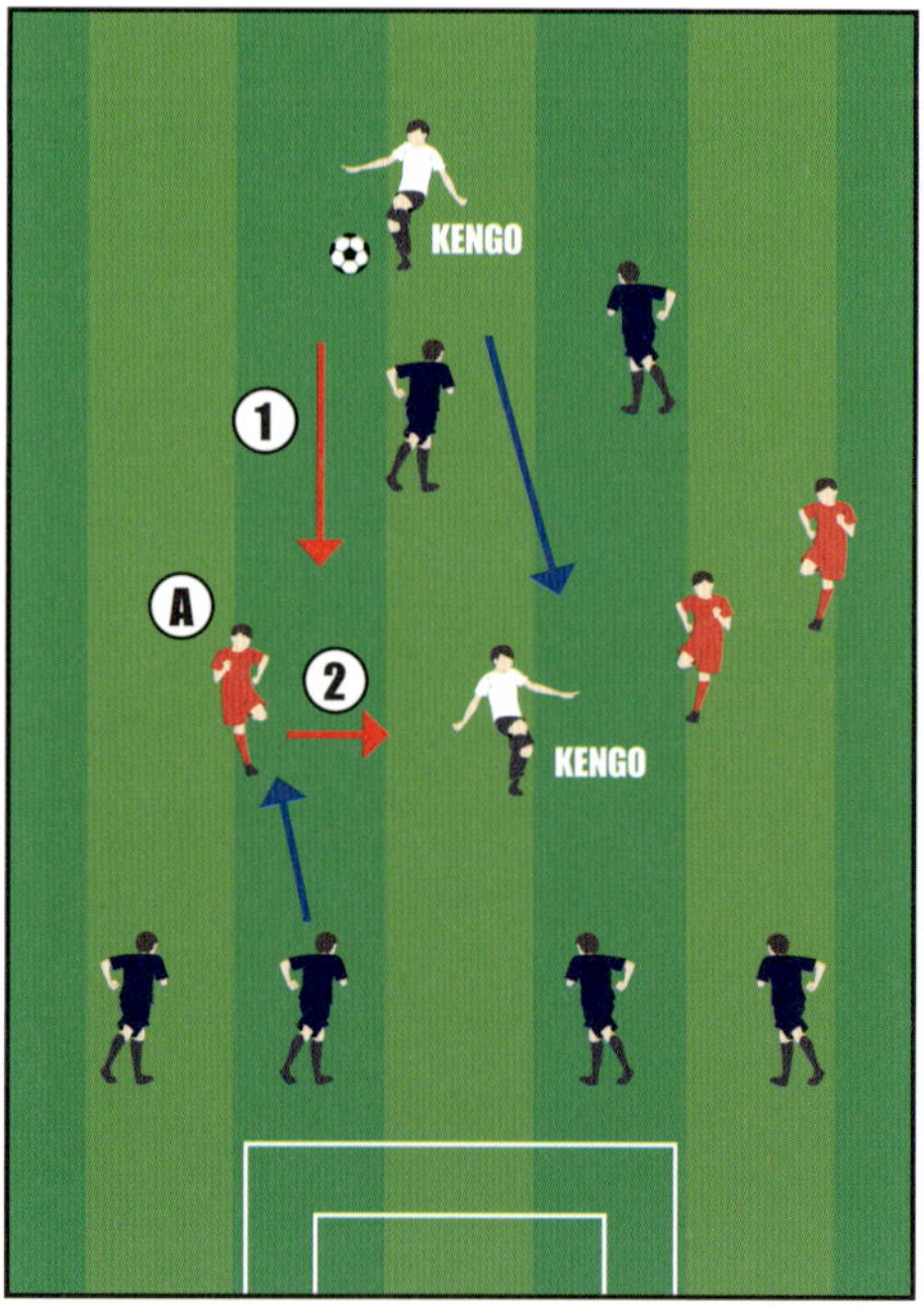

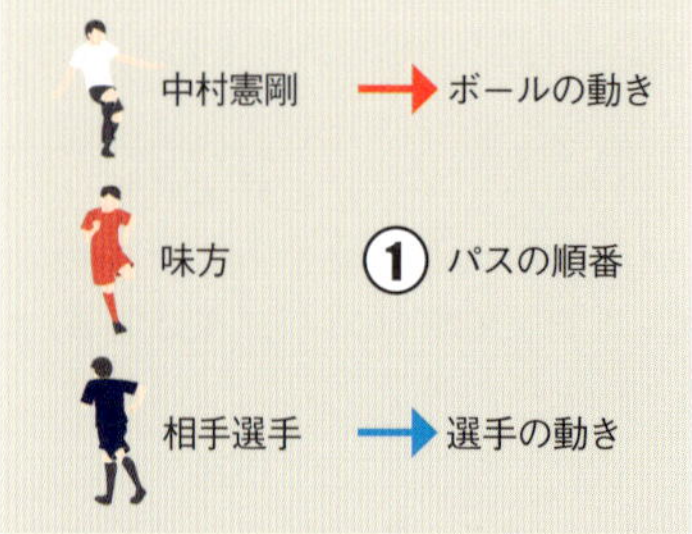

チェックポイント❶

クサビのボールを入れた後のイメージを描いておく

中盤から前に運んでいくシーン。FWの1人がクサビのボールを受けに下がってきたのでグラウンダーのパスを出す。

チェックポイント❷

クサビのボールに対する相手の対応をみる

クサビのパスを前線に出すと、相手のマークはクサビのパスを受けたFWに食いついてきた。自分のことを見ていない間に動き出せば、簡単に自分のマークを外せる。

チェックポイント❸

相手を外した状態で決定機を演出

パスを出した後の動き出しでフリーになることができた。DFはボールを持った選手を見ながらFWの動きをマークしなければいけないため、良い状態で守ることができない。

白＝中村憲剛　赤＝味方　紺＝敵

column

「どうやったら俯瞰的な視野でプレーできるようになるのか？」

これまで紹介した間接視野といった眼の使い方もそうだし、一秒後の絵を予測することもそう。いろいろな技術が結びつくことでできるようになったと思っているのだけど、ひとつ言えるのは、僕は昔から自分のプレーを映像で見てきたということ。ビデオは上から撮っているので必然的に俯瞰的な角度になる。その角度で撮られた試合を小さい頃から、ビデオテープがすり減るぐらい繰り返し見ていた。その経験は大きいと思っている。

③縦パスを通すための揺さぶりを意識しよう

試合中の僕は、ゴール前の空いているスペースを感じ取るようにしている。裏のスペースを見つけたら、そこに味方を走らせてボールを渡せば1点になると思って、常に意識している。

でもスペースがないときはどうすればいいのか。

前線にパスを出せないときは、近くの味方とパスを交換してマークを外しながらフリーで前を向いてボールを持つ状況を作る。

そのときに考えるのは、どうやったらディフェンスラインの背後にあるスペースを取れるか。あるいは、ゴール前のバイタルエリアを攻略できるか。

例えば、縦パスを入れると見せかけて、味方と横パスの交換を続けることで、相手のディフェンスのブロックを少しだけ横に動かして、ブロックの間にパスコースができないか観察してみる。

横パスをすることで相手が前に奪いにきたり、守備に綻びができそうだったら、その瞬間を見逃さずに、背後へのボールや、味方への縦パスを入れるんだ。

いきなり縦にボールをつけるのではなく、横にいるAとのパス交換をして、角度をつけることで相手を揺さぶる。縦のコースが空いたら、そこでBに縦パスを入れる。

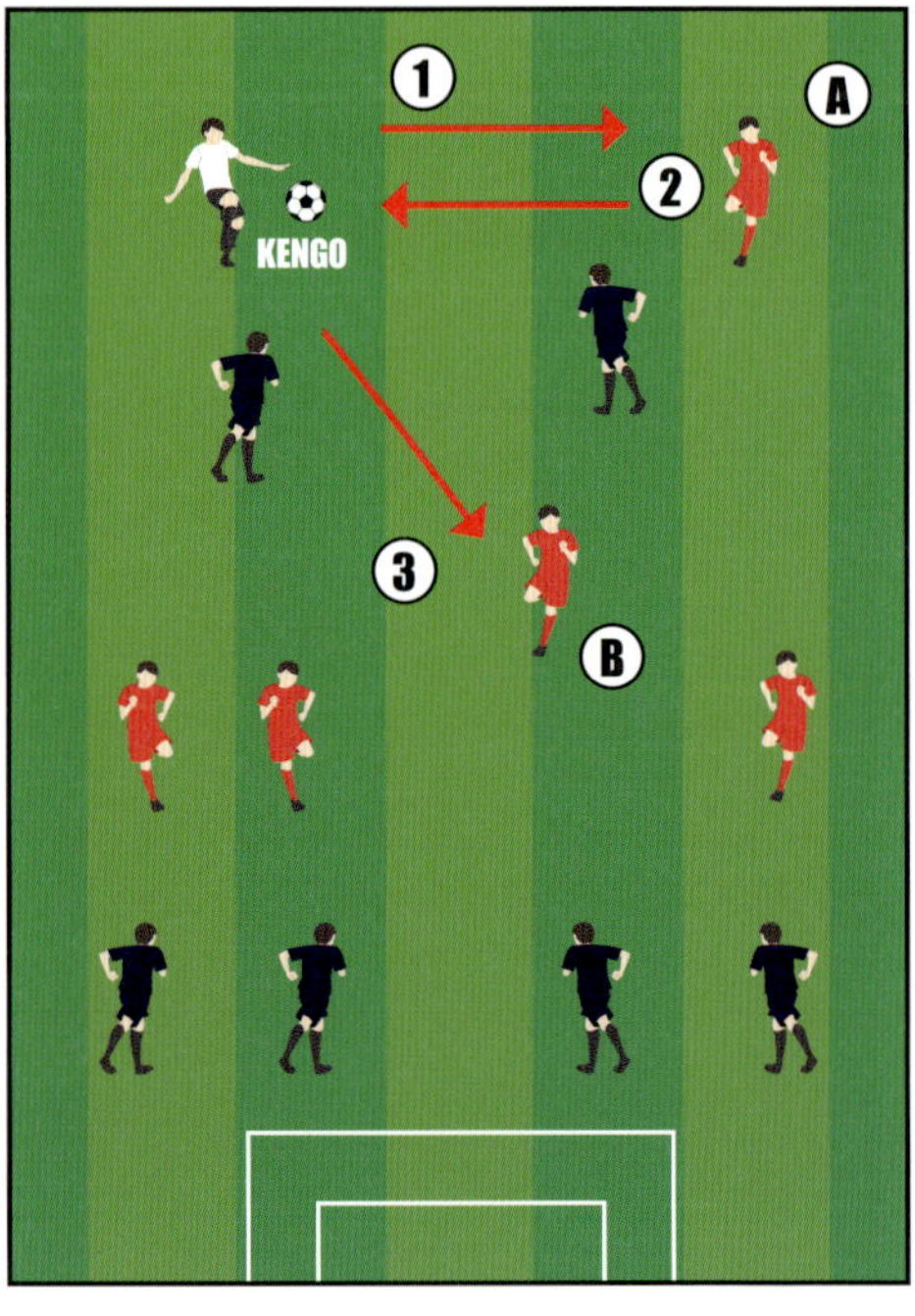

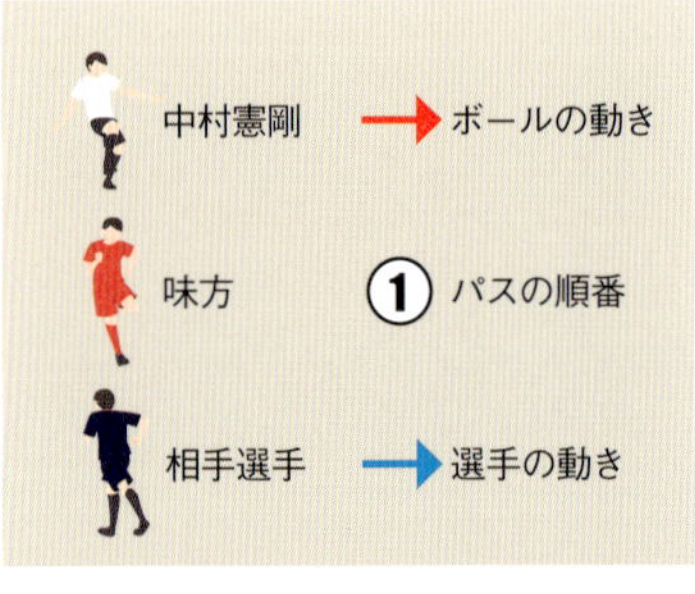

チェックポイント❶

相手の守備ブロックを観察

目の前にディフェンスが立っているときは一発で縦パスを狙うのではなく、一度、横パスで揺さぶることが効果的だ。パスを出したらボランチが素早く斜め後ろのポジションに動いてマーカーとの距離を作ってから、パスを呼び込む。

チェックポイント❷

パス交換しながら、相手の守備網を揺さぶる

横パスで揺さぶることによって、ディフェンスとディフェンスの間にパスコースができた。味方からのリターンをワンタッチで縦に入れる

チェックポイント❸

横パスを出すときの動き

横パスを出す前に、タテにパスを出すような目線と身体の向きにする。目の前のマークをわずかに動かしています。パスカットされてカウンターを喰らわないようにしよう。

白＝中村憲剛　赤＝味方　紺＝敵

チェックポイント❹

パス交換をしている間に、縦パスのルートが生まれた

ボールが動いている間に味方と相手の位置を確認しておきパスコースが閉じる前に、ワンタッチでパスが通った。縦が空いたタイミングを逃さないようにしよう。

STEP02 ▶▶▶ ゲームメイク術を身につける

④あえて狭いエリアから崩そう

相手が引いてディフェンスを固めているとき、なんとなく広い方にボールを展開してしまいがちだ。それも悪くないが一見スペースがなくても、駆け引き次第で攻撃の糸口を見つけることができる。

例えば、相手が中央のエリアに集結して守っていたら、サイドからゴールに行けばいいという考えもある。でも、本気で真ん中を突破しようとする考えも、相手を崩すうえでとても大事なことだ。

高い技術を持った選手たちで真ん中の密集地帯を突破すれば、それが可能だということだ。だから、大事なことは相手が中央を固めてるからまずサイドへ展開ではなく固めていても隙を見逃さずに突破を試みる。その心構えなのだと思う。

相手がゴール前で人数を固めてスペースを消して守っていても、攻略する場所はある。

Aからパスをもらい、あえてBにクサビを入れる。リターンで相手を引きつけた瞬間、逆サイドにいるCに展開。狭い中央から崩す狙いだ。

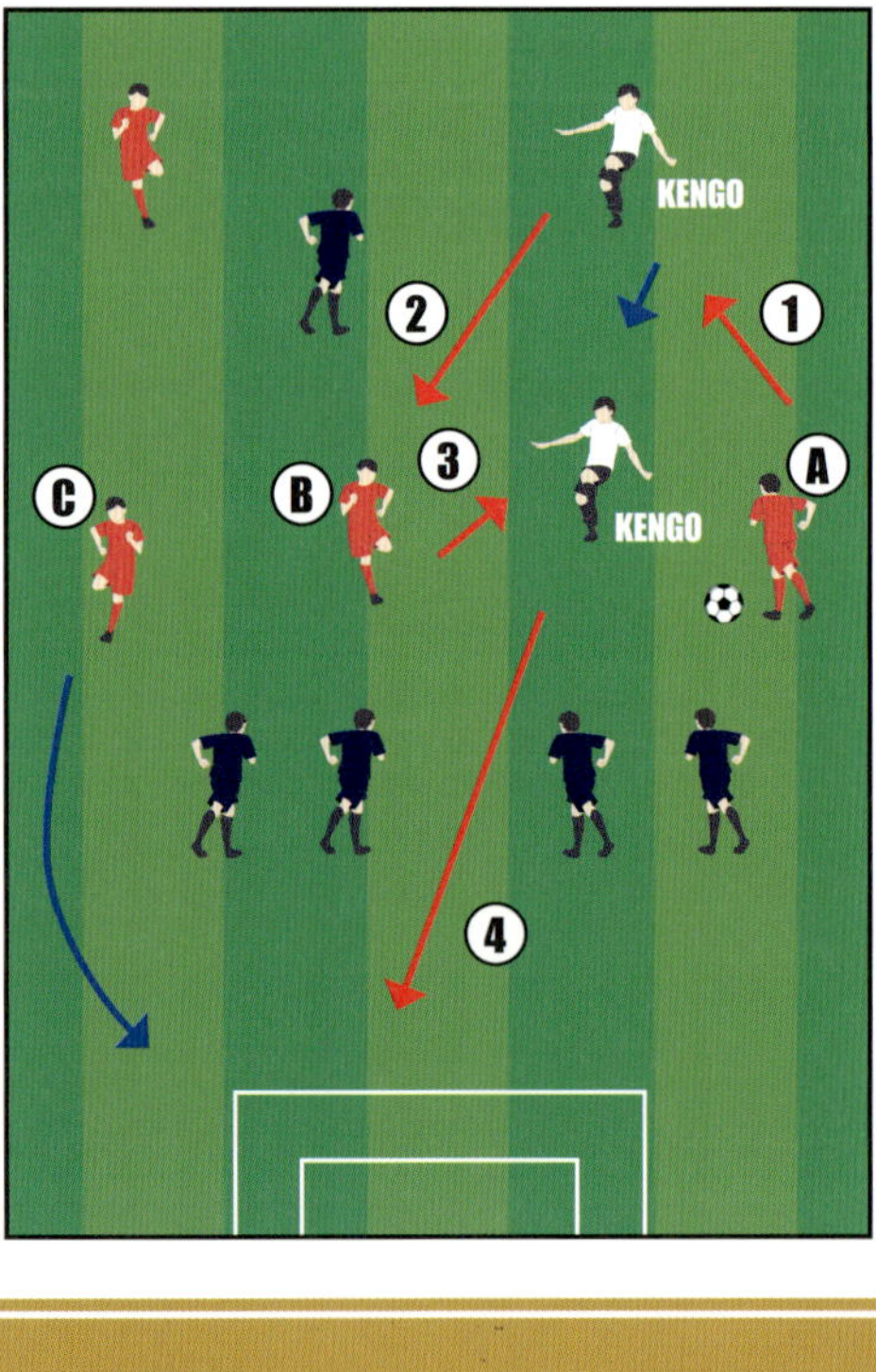

チェックポイント❶

狭い場所と空いている場所を把握

右サイドのスペースに出すような目線と向きで相手のディフェンスをだまして、すかさず下がってきたFWの足元にクサビのパスをつける。ディフェンスがクサビのパスを受けたFWのところに寄ったことで逆サイドやDFラインの背後にスペースが生まれる。この駆け引きを見てみよう。

チェックポイント❷

すぐに広い場所には展開しない

ディフェンスはボールを持った選手の体の向きや目線からプレーを読んでくる。相手は中央を狭く守っているが、クサビを狙っていることを読まれないようにしよう。

チェックポイント❸

あえて狭い場所を使って相手を引き寄せる

狭いスペースでパスを受けられると、その周囲にいるディフェンスが集まってきます。クサビのリターンパスをもらった瞬間を狙ってフリーになる。

白＝中村憲剛　赤＝味方　紺＝敵

チェックポイント❹

空いている場所に展開して攻略

狭いところを崩しながら、最後に逆サイドにいる味方がフリーでシュートに持ち込むことに成功。空いている場所がないように見えても、駆け引き次第で打開することはできる。

トレーニングメニュー❹

メニュー ▼▼▼ ロンド

目的 狭いエリアで最適の判断をする

正確な技術と判断力を養える定番の練習が、「ロンド」。ウォミーングアップなどで取り入れているチームも多く、「鳥かご」という名称でもおなじみです。気軽にやれるメニューなので、つい遊び感覚でやってしまう人も多いかもしれませんが、ぜひ真剣にやってみましょう。僕自身、「ロンド」には大事なことが全てつまっていると思います。

練習方法

人数は４対２、６対４、７対５などボールを持っている側を多く設定。外側の選手は、中のディフェンス側にボールを奪われないようにパスを回します。外側の選手がミスをしたら、ディフェンスと交代。慣れてきたら、タッチ制限をつけてみましょう。

意識すべきポイント

❶どこにボールを置くのか準備する
❷どこの位置でボールを受けるのか
❸ディフェンスとの距離を意識してプレーする

ケンゴの上達アドバイス
パスを受ける前に、カラダの向きを作っておこう

MORELIA
KENGO
Academy
MIZUNO
MIZUNO
5

第5章

KENGOアカデミーのマインドセット

❶ボールをとことん大事にせよ！

「技術とは何か？」と聞かれたら、僕は「正確性」と答えている。

サッカーはミスが起きるスポーツで、ピッチ状態によっては「正確に」プレーすることが難しいことがよくある。でもどんなシチュエーションでも「止める」と「蹴る」を「正確に」できる技術を発揮できるマインドを持って欲しい。
そのためには「ボールを取られてはいけない！」という消極的なニュアンスじゃなくて、むしろ「ボールを取られないのが当たり前」という自信も必要になってくる。

KENGOアカデミーでは「とことんボールを握るスタイル」にこだわっている。

それは自分自身が小さな頃からボールをたくさん触ってゲームを支配し、たくさんゴールを決めて勝つことが楽しかったからだ。それとFCバルセロナが大好きなアカデミー創始者である僕の意思もあって、このKENGOアカデミーではボールを大事することに特化している。

誤解して欲しくないのは、だからといって他のサッカースタイルを否定しているわけじゃないということだ。僕はどんなスタイルも否定はしない。勝つ為に引いて守ってカウンターを狙うのも立派な戦略だし、そこの駆け引きもゲームの醍醐味だと思っている。ただ、僕は最初からボールを手放す狙いでサッカーをしたくないというだけの話だ。

ボールを大事にするサッカーをするためには、技術が必要になってくる。そのボールを奪われないマインドを支えるのは、やはり日々の練習しかない。

僕は37歳になった今でも、「止める」と「蹴る」の基本技術をさらに高めることにこだわっている。もっともっとサッカーがうまくなりたいと思っているし、まだうまくなれると思っているからだ。KENGOアカデミーで学ぶ子も、そのマインドで練習に取り組んで欲しい。

❷上手くなるかどうかは意識次第だと思え！

練習は漠然とやらない。意識を変えれば、普通の練習でもうまくなれる！

サッカーがうまくなるにはどうすれば良いのか。そのためには、特別な指導者に教わったり、特別な練習メニューをやったりしなければいけないと思っている人も、もしかしたら多いかもしれない。

だけど、どんなに良い練習でも、漠然とやっているだけでは、サッカーはうまくならないんだ。大事なのは、練習に取り組む「意識」のほうだと思っている。

例えば、僕がプロになってからも、「ボールを止めること」にこだわってきたのは、第1章でも話している通りだ。こだわってきたからと言っても、特別な練習をしてきたわけではない。対面パスならば、1回1回のボールをしっかりと止めることに徹底的にこだわる。練習中にボールを止めるときには、なんとなくやるのではなく、どうすればピタリと止まるのかを考えながらやってみる。そこで大きな差が出てくると思っているんだ。その心がけさえ忘れなければ、普通の練習であっても絶対にうまくなるはずだ。まずはこれを心がけて欲しい。

僕の練習に対するスタンスは、プロになった今でも変わらない。まずはチームから用意された練習をしっかりとやること。プロの場合は、週末に試合があるので、相手を想定した練習メニューが組まれている。そういうときに、「練習のための練習」にしないことも大切だ。なんとなく、そのメニューに取り組むのではなくて、監督やコーチが何を求めているのか、そこを敏感に感じ取りながら練習に取り組んでいくようにしていくんだ。自分がやりたいことだけではなく、監督やコーチがどういうプレーを求めているのかを練習から汲み取りながら順応していこう。

自分の意識を変えれば、誰でもやっている普通のメニューでもうまくなれる。そして、どうすれば試合に出るようになれるのか。それを考えながら、毎日の練習に取り組んでみよう。

③向上心を持ち続け、自分に期待せよ！

今日の自分より、明日の自分がうまくなっている。そんな自分に期待する！

今年38歳になる自分が、なぜこの年齢になってもプレーし続けているのか。

それは、なんと言っても「向上心」だと思っている。僕は今でも「もっとうまくなりたい」という欲がある。今日の中村憲剛より、明日の中村憲剛の方がうまくなって欲しいし、その自分に期待しているんだ。

　思い通りボールが蹴れないときは、その自分が嫌だし、なんでも蹴れる自分でありたい。そして、その「なんで?」を求める自分でありたいんだ。対面パスでもボールが少しでも浮いたら気分が悪いし、次は丁寧にやってみる。そこで「まぁ、いいや・・・」って思うか、「なにくそっ!」と思ってやるのか。１本でも意図したボールを蹴れるように意識して次の一本を蹴れるかどうか。その積み重ねで本当に変わっていくんだ。

　向上心を持ち続けるためには、過去を引きずらないことも大事だ。

「あのときの自分はこうプレーできた。でも、今の自分は・・・」といつまでも過去に浸っていても仕方がないし、そうなったら選手として終わりだなと思っている。もちろん、それを発奮材料にして奮い立てばいいけど、過去の栄光に浸ってネガティブになったらダメ。例えば自分は２０１６年にＪリーグのＭＶＰを獲得したけど、それはそれ。翌年は自分にまた変化を求めてプレーして、今度はＪリーグで優勝できた。過去に浸らないために、自分をチームにアジャストして、アップデートしながらやっているんだ。

　満足したら終わりだし、自分に対して負けず嫌いにならないといけないんだ。目の前のことに全力で挑むことが楽しいし、それが向上心にもつながっていると思っている。

④オープンマインドで取り組め！

聞く耳を持って取り組むことで、サッカーの技術も伸びていく！

若い選手が伸びるかどうか。
判断材料はいくつかあって、技術やメンタルも

もちろん大事なのだけどそれと同じ位重要視しているのは、実はコミュニケーション力なんだ。

例えば、周りの話をしっかり聞いて自分の意見も言える子供は、やはり選手として伸びていく。逆にプライドが高くて人の話を聞かない、監督やコーチとコミュニケーションを取らない、自分の言葉で話せない選手などは、たとえ能力が優れていても、だいたい伸び悩んでしまうパターンが多い。

僕が恩師に言われてきた言葉に、「オープンマインド」というのがある。

オープンマインドというのは、「心を閉じないで素直に受け入れる姿勢を持つこと」だ。この姿勢は、自分が成長していくうえでとても大事だったと思っている。こっちがオープンマインドだったら、色々な人がアドバイスしてくれるし、僕はそうやってサッカー選手として伸びてきた。サッカーは自分の考えを言語化しながら、まわりとコミュニケーションをとっていくスポーツでもあるので、自分の言葉で話せないと損をしてしまうんだ。

だから、KENGOアカデミーでは「コミュニケーション力」も重視していきたいと思っている。

サッカーだけをやっていればいいと思っている選手にはなって欲しくないし、簡単にいうと、「自分の言葉で話せる人間になること」を目指して欲しい。ピッチ内外で「○○、気がきくな」と思われるような選手を育てたいし、そういう選手はどこのチームでも重宝されると思う。日本代表でも、考え方は違っても、みんな自分の考え方をちゃんと持っているし、それを言葉にできる集団だった。そういう空気感を作りたいし、切磋琢磨してもらいたいんだ。

❺試合前には「心のお守り」を持て！

うまくプレーできた試合日の行動を思い出して、そのひとつを習慣にしてみる。

僕が試合前に心がけているのは、自分のメンタルをニュートラル（中立）な気持ちにすること。

力が入りそうな試合こそ、スッと試合に入っていけるような精神状態を作ることを意識して臨んでいる。

「日本代表や優勝のかかった試合前にプレッシャーを感じたり、緊張したりしませんか？」と聞かれることもある。もちろん、緊張感は持っているが、過度の緊張はない。キックオフの笛が鳴れば、ピッチにチームメートと対戦相手がいて、目の前にボールがあるのだから、やるべきことはいつもと何も変わらない。僕にとってどんな試合でもサッカーはサッカーだ。

ただまったく緊張をしないというのもよくないと思うので、緊張感と不安は少しだけあったほうがいいとも思っている。もちろん緊張感が8割もある状態は望ましくない。

いつも通りにプレーできる状態を作るには、ルーティーンを取り入れるのもオススメだ。

ルーティーンとは「決まった手続きや手順」のこと。サッカーに限らずスポーツ選手の多くはルーティーンを持っていると言われていて、例えばラグビー日本代表のキッカー・五郎丸歩選手がプレースキックの前に行っていた「五郎丸ポーズ」を覚えている人も多いと思う。

僕がルーティーンを意識的に取り入れるようになったのは、プロになってから。1年目に2ゴールを決めた試合があって、そのときたまたま左足からピッチに入ったんだ。それから僕にとってのルーティーンを「ピッチに入るときは左足から」にしたんだ。言ってみれば、「心のお守り」のようなもの。左足からピッチに入ることで、試合のときに心を落ち着かせることができるし、試合で良いパフォーマンスを出せるような気がしてくるんだ。そういう「心のお守り」を一つ取り入れてみるのは良いと思う。

❻自分なりのルーティーンを作って過ごせ!

自分の中のスイッチを入れるための習慣を考える

試合の日の過ごし方もルーティーンがあるので紹介しておこう。

試合がある日のルーティーンは、朝起きてから始まる。キックオフ時間が昼なのか夜なのかで、

起きてからの過ごし方も変わるのだけど、ご飯を食べる時間やシャワーを浴びる時間、ナイトゲームのときはお昼寝もする。試合時間から逆算して1日のスケジュールを組み立てることになる。

スタジアムまでチームバスで移動する間は、いつも音楽を聴いている。これという決まった曲というのはないし、だいたいの気分で決めている。試合に勝ったときは、次もその曲を変えないようにはしているかな。とはいっても、僕のスマホに入っている曲数はそんなに多くないのだけど(笑)。

スタジアムに着くのは、だいたい試合前の90分~100分前後。ロッカーで着替えた後、ピッチに出てウォーミングアップするのが開始40分前ぐらいだから、それまで50分~60分ほど時間がある。その間にやっていることは、いつもこの行動だ。

・マッチデープログラムを読む
・チョコレートを食べる（2個）
・トレーナーにマッサージをしてもらう
・パワープレートにのって自分でストレッチをする
・ガムを食べる

特別なことは何もしてないと思うけど、他の選手に比べると、ストレッチはこまめにしているほうだと思う。自分はしなやかなプレーをイメージしているので、稼動域を広げるために柔軟をこまめにするようにしているんだ。

自分なりの習慣や行動を行うことで、集中力を高めたり、コンディションを整えたりすることが、ルーティーンの目的だ。ルーティーンが多ければ良いとか、少ないほうが良いとか、これをやっておけば良いという「正解」はない。そこに気をつけながら、自分なりのルーティーンを確立してみて欲しい。

⑦サプリメントはあくまで補助と位置付けよ！

しっかりご飯を食べること。規則正しい生活が一番の芯だ

食事に関しては、未だに後悔しているところがある。

小さい頃から食が細かったので、何を食べても身体が小さいままだった。牛乳を飲んでたけどお

腹を壊していたし、食べていたお菓子もだいたいロッテのビックリマンチョコ（笑）。なんとか高校生で20センチぐらい身長が伸びたんだけど、もう少し食に興味を持って取り組んでいたら違う人生があったかもしれないと思っているぐらいだ。

食事メニューについては、考え過ぎてそれがストレスになるのは嫌なので、あまりストイックじゃないほうだ。お昼はクラブの選手寮で食べることも多いけど、基本的には奥さんに任せっぱなし。奥さんが計算したメニューを作ってくれるので、自分からは食べたいものをたまにリクエストをする程度だ。

食事と同様にサプリメントもしっかりと摂っている。スポンサーのザバスさんの協力のもとでメニューを作ってもらって、それを忠実に守るようにしているんだ。試合のときは、試合前、ハーフタイム、試合の後にも飲んでいる。思えば、僕らの時代のサプリメントは、とてもまずかった（苦笑）。今はお店に行くと、サプリメントやプロテインがたくさんありすぎて、逆に何を摂ればいいのか迷うかもしれない。サプリメントをうまく活用すれば、自分のように長くプレーできる可能性はある。

ただザバスさんとも話す中で大事にしていること。それは、サプリメントはあくまで「補助」だということ。規則正しい生活は大変だけど、しっかりご飯を食べることが一番大事だ。それでもお腹が空いたら、間食をとる。それでも足りなかったら、補助としてサプリを使う。それが正しい順番で、プロテインやサプリメントありきで、次がご飯という順番にしてはいけないんだ。

食事に関しては僕は専門家ではないので、Q&Aコーナーでまとめてもらった。ぜひ参考にして欲しい。

❽感謝の気持ちを持つべし！

周りへの感謝の気持ちを忘れず、道具は丁寧に扱う

ＫＥＮＧＯアカデミーのクリニックでは、プロホペイロの松浦紀典さんに自分のスパイクを手入れするための指導講座をお願いしたことがある。

自分が使っている道具を大切に扱うのは、常に意識して欲しい心がけだ。でもそれ以上に、自分のスパイクを磨くことで、両親に対する感謝の気持ちも培って欲しいという思いがある。

君たちが思い切りサッカーができているのは、お父さんやお母さんがスパイクやボールを買ってくれたり、サッカークラブやスクールに通うお金を出してくれているからなんだ。それを、当たり前のことだと思ってはいけない。ついつい忘れてしまいがちだけど、そういう自分の周りへの感謝の気持ちを忘れないようにして欲しい。そんな思いもあって、KENGOアカデミーでは、道具を大切にする重要性を学んでもらっているんだ。

ちなみに中村家に伝わる家訓は「感謝・感激・感動」。

僕がプロに入るときに中村家の父親から言われたものだ。自分の中にストンと入ってきた。常日頃から「感謝」の気持ちをもってプレーし、見に来てくれる人を「感動」させたいという思いがあるし、そのマインドをもって日々プレーすることはとても大事なことだと心に刻んでいる。

話を戻すけど、スパイクを磨く時間というのは、初心に戻るというか、「子供の頃は、こうだったな」と少し新鮮な気持ちにもなったりもするんだ。そして一心不乱にスパイクを磨いている時間は、心を空っぽにできて落ち着けたりもする。

プロの中にもスパイクや道具を雑に扱ったりする選手はいる。でもKENGOアカデミーの子にはそうなって欲しくない。それにいつも磨いていると、スパイクに対する愛着もわいてくる。周りへの感謝の気持ちを忘れずに、道具は丁寧に扱おう。

⑨サッカーと学業を両立せよ！

勉強との両立は自分を律するトレーニングだ

学生にとって、勉強と部活をいかに両立するかは大きな悩みだと思う。

サッカーに集中したい気持ちはわかるけど、個人的には勉強もある程度はできたほうがいい。僕はサッカーと同様に勉強もしっかり取り組む子のほうが最終的には伸びると思っている。

なぜなら、それが自分を律するトレーニングになるからだ。

例えば、毎日6時間も7時間も練習するチームなんて、そうそうないと思う。それに学校でちゃんと授業を聞いていれば、猛烈に勉強しなくても、そんなに悪い点数は取らないはず。断っておくけど、何も学年で一番を取るほど勉強しろと言っているわけじゃない。もし部活で疲れても、30分でもいいから勉強する。そうやっていると生活にもメリハリができてくる。なによりサッカーを集中してやれる子は、勉強も同じくらい集中してできると思っているんだ。

それでも、「自分はサッカーだけでいいよ」と、勉強を一切しない子もいるかもしれない。ただ勉強ができなくても、サッカーだけで上のレベルまで行ける人なんて、ほんの一握りだ。KENGOアカデミーでは「サッカーだけやればいい」という考えは通用しないし、できれば、どこかの塾と業務提携したいぐらいだ(笑)。

僕自身に関して言えば、親から勉強について厳しく言われたことはほとんどない。でも「全部自分にはね返って来る」と言われていた。あと性格的に、やれることをやらないのが嫌いだった。高校、大学時代共に練習はキツかったけど、勉強を放棄しなかったし、そういう学生時代を過ごしたから考えることが習慣になっている。

そうやって自分を律するトレーニングは、社会人になってからも生きてくると思っている。

プロの食管理とは？
中村憲剛選手の食事に関する話

回答：（株）明治

01

現在、中村憲剛選手に行っているのは、具体的にどういったサポートなのか。

食事の写真を送って頂いて、その写真を基に栄養計算を実施し、改善点をご提案しています。また、提供させて頂いているサプリメント類（VAAM・ザバス）について、目的や体調、試合日程に応じて使用量やタイミングを相談することもあります。

02

中村憲剛選手のサポートに関して、意識しているポイントは？

現在は、いかに疲労を溜めずに日々のトレーニングを行えるか、試合後の疲労回復を早められるかをポイントとしています。

03

中村憲剛選手とはサポート関係が長いと思いますが、そもそものきっかけと、これまで期間で大きな変化があった時期はありましたか？

きっかけは当時の川崎フロンターレのマネージメント担当者からのご紹介でした。

（株）明治では、様々なスポーツチームに栄養士を派遣し、食事や栄養に関する情報提供、サプリメントの適正使用提案に留まらず、選手の体重＆体脂肪管理、ゲーム時における各選手のエネルギー＆水分補給教育の他、実際の補給量などを調査しながら現場での栄養サポートを実施しています。

そのような活動を行っていた他クラブから、川崎フロンターレに移動した担当者に『とても謙虚で素晴らしいプレイをする選手がいる。チームとしても個人としても、息の長い選手としてプレイをしてもらいたいし、本人もそれを望んでいるので栄養面からのサポートを依頼されました。

ご本人にお会いすると、『今までは専門家が身近にいなかったから、自分の食事内容の良し悪しを確認できなかったので、宜しくお願いします。』と、仰いました。食意識が変わってきたと感じたのは、代表に選出された頃でした。過酷なスケジュールをこなしていたので心身共に相当なダメージがあったようで、ご本人から『疲労がぬけない。とにかく疲労回復につなげたい。』と連絡がありました。そこでまずは、日常の食生活の実態を調査し、練習前後の栄養補給に関してアドバイスしました。すると、食事とサプリメントの組合わせ方法や量について、わからないことや、自分のやっていることの確認の連絡が直ぐに入ってくるようになりました。

04

これまで中村憲剛選手から受けた相談や悩み、彼に対して行ったアドバイスなどで印象に残っているものはありますか。憲剛選手は食事面は夫人に任せていると公言していますが、夫人に対して行ったアドバイスやコミュニケーションなどもあれば。

食事の話ではありませんが、風邪予防の為遠征での移動中にはマスクするようにと助言をしたら、一人だけ空港でマスクをして移動している姿が新聞に掲載されました。『体調管理は大事だし、つけるようにアドバイスをもらったので』と、嬉しい答えが返ってきました。

サポート当初、憲剛選手の食事調査を行い普段の食事量や栄養摂取状況を確認させてもらうと、食事量は少ない選手でした。3食で補給しきれない栄養は練習(試合)前後の補食を習慣化することで摂るように意識してもらいました。当初は、食事トレーニングだったと思いますが、習慣化すると無理なく食べられるようになりました。

特に印象に残っているのは、主食量の調節です。当初は女子のように、ごはんやパンなどは軽めで、運動量は多く緻密で正確なプレイをする選手とは思えないほど少量だったのです。そこで改善策の一つとして、朝食のパンの枚数を増やすことを提案しました。すると憲剛選手から『えっ、枚数増やすの？　枚数増えるとものすごく増える気がして食欲がなくなるし、食べるのが楽しくなくなるなぁ〜』との答えが返ってきました。

それならば、枚数はそのままで厚切りにしてはどうか？と再提案しました。すると『厚切りなら大丈夫！』と、憲剛選手の『決めたら即実行！』の切替スイッチがオンになり、主食量を増やしてエネルギー摂取量の強化につながりました。

夫人のモットーは食事は美味しく楽しく！ 少しでも憲剛選手が美味しくご飯を食べられるようにと、育児も大変な中、土鍋でごはんを炊くなどの努力を惜しまない方です。普段の食事を見て、おかずのボリュームを増やすか、もう1品追加してはどうかと提案をすると、即実行されました。更に、数週間にわたる献立表を持参して『何が足り無いかチェックしてください。』と、とても熱心に質問を頂いたこともありました。憲剛選手の体づくりやリカバリーに必要な栄養を摂ることができるよう、日々の食事でしっかりとサポートされています。

また、憲剛選手はホームでの試合後は必ずご自宅で家族と食事をされています。栄養&愛情補給でリカバリーが促進しているのではないかと思います。

05

36歳でJリーグMVPを獲得。ベテランと言われる年齢でも怪我が少なく、年間通じて高いパフォーマンスを維持できている選手です。年間を通じて高いパフォーマンスを発揮できている要因は日頃の管理でもあると思いますが、食事面ではどういうところにあると思いますか。

キャンプ時の食事をみても、毎食きちんと『栄養フルコース型』の食事が揃っており、バランスの良い食事が習慣化されていることが見て取れました。それだけではなく、ご飯にはしらすがたっぷりとかけられていて不足しがちなカルシウムがしっかり摂れていました。このように、90分間ピッチ上で高いパフォーマンスを発揮し続けるための準備を食事でも日々続けてこられたことが要因ではないかと思います。

食事もサッカーがうまくなるための
トレーニングだと思って取り組もう！

KENGOアカデミーについて

KENGOアカデミーの目的

- 憲剛選手の経験を伝えることで子どもたちの育成に寄与すること。
- サッカーを通じて健全な子どもたちの育成や、サッカーをコミュニケーションツールとして親子のコミュニケーションをアップさせること。

憲剛選手のサッカーのベースは技術と脳。

その技術と脳を現役時代から
様々な媒体を通じて、子供達に伝えていく。

終わりに

この本の写真撮影を行ったのは、２０１７年11月のルヴァンカップ決勝戦直後だった。

決勝戦の結果は、セレッソ大阪に負けてしまい準優勝。シルバーコレクターと言われ続けた川崎フロンターレはまたも初タイトルを逃し、僕自身の喪失感もとても大きいものがあった。チームは三日間のオフ期間で、最初の二日間は誰とも会わず、勝てなかった原因について、ああでもない、こうでもないとずっと考えて過ごしていた。

そのオフの三日目が、この本の撮影だった。でも不思議なことに、撮影でサッカーボールを蹴っていたら、それまで考えていたいろんなモヤモヤが頭から吹き飛んでいったんだ。撮影が終わった後には、「よし、明日からまた頑張ろう！」と、すっかり気持ちが前向きになっていた（笑）。

やっていたことは、サッカーボールを丁寧に止めて相手に蹴るという作業だけ。でも真剣にそれに取り組むことで、自分の頭の中をこんなに空っぽにしてくれるなんて、やっぱりサッカーの力ってすごいなって、あらためて感じた瞬間だった。

そしてその後の１ヶ月、また新しい気持ちでサッカーに取り組んだら、シーズンの最後の最後に、大逆転でリーグ優勝をすることができた。しかも等々力競技場で優勝できて、サッカーの神様って本当にいるんだな、って思った。

優勝が決まった瞬間のことは、実はあんまり覚えていない（笑）。みんながベンチから飛び出してきて、あー、優勝したんだ、よかったって思ったら、これまでプレーしてきた選手の顔が走馬灯のように出てきた気がする。宏樹さん（伊藤宏樹）もそうだし、オニさん（鬼木監督）、ジュニーニョとか、プレイヤーとして成し遂げられなかった人たちの思いを背負っていたのだと思う。それが全部、涙で流れ落ちた瞬間だったのかもしれない。

優勝した後は、本当にたくさんの人に祝福してもらった。そして「この喜びをまた味わいたい」と思って、いま2018年シーズンを戦っている。

この本を読んだ君も、もっとサッカーがうまくなりたいと思っているはず。この本を読んだら自然と意識は高くなるし、もしかしたら、サッカーがうまくなった気になるのかもしれない。でも断っておくけれど、サッカーは読んだだけではうまくならない。大事なのは、しっかりと読んだことを理解し実行に移すことだ。

この本を閉じた後、すぐにパスの練習をする子もいるだろう。

そのときは、一本のパスも無駄にしないで取り組んでほしい。その積み重ねで足元の技術を変えていけば、サッカーはどんどん楽しくなっていくと信じています。

僕自身も今でも「もっとうまくなりたい」という欲があるし、そうなれる自分にも期待して、まだまだサッカーを続けていきます。

この本が子どもや学生、選手、指導者、保護者のみなさんの何かしらの役に立ってくれれば、こんなに嬉しいことはありません。

中村憲剛
サッカー上達のためのマインドとメソッド

2018年4月5日初版発行

著者　中村憲剛
発行人　木本敬巳

編集　鈴木謙二
文・構成　いしかわごう
デザイン　竹内大典・松本菜美（株式会社アクア）
DTP　エース企画
写真　窪田亮
協力　有限会社ケンプランニング
　川崎フロンターレ
　ミズノ株式会社
　株式会社明治
　株式会社イースリー
　富士通スタジアム川崎
　KENGOアカデミー
企画

発行・発売　ぴあ株式会社
〒150-0011　東京都渋谷区東1-2-20　渋谷ファーストタワー
編集　03-5774-5262
販売　03-5774-5248
印刷・製本　株式会社シナノパブリッシングプレス

ISBN 978-4-8356-3852-2